Aprendendo a Observar

3.ª edição

Marilda Fernandes Danna
Mestre em Psicologia - Universidade de São Paulo

Maria Amélia Matos
PhD em Psicologia - Columbia University

CIP-BRASIL. CATALOGAÇÃO-NA-FONTE
SINDICATO NACIONAL DOS EDITORES DE LIVROS, RJ

D194a
3. ed.
    Danna, Marilda Fernandes
        Aprendendo a observar / Marilda Fernandes Danna , Maria Amélia Matos. - 3. ed.- São Paulo : EDICON, 2015.
    176 p. : il. ; 21 cm.

        Inclui bibliografia e índice
        ISBN 978-85-290-0971-1

        1. Terapia do comportamento. 2. Terapia cognitiva. I. Matos, Maria Amélia. II. Título.

15-19515   CDD: 616.89142
                          CDU: 616.89-008.447

REVISÃO: *Antônio Jayro da Fonseca Motta Fagundes*
    Mestre e Doutor em Psicologia pela Universidade de São Paulo
    Professor Emérito da Universidade Guarulhos

FOTOS: *Daniela Ljubtschenko Motta e Soraia Ljubtschenko Motta*

CAPA: *Soraia Ljubtschenko Motta*

TODOS OS DIREITOS RESERVADOS

É proibida a reprodução total ou parcial, de qualquer forma ou por qualquer meio. A violação dos direitos de autor (Lei nº 9.610/98) é crime estabelecido pelo artigo 184 do Código Penal.

Impresso no Brasil/*Printed in Brazil*

EDICON
Editora e Consultoria Ltda EPP
(11) 3255 1002 • 3255 9822
Rua Gama Cerqueira, 87 Cambuci
CEP 01539-010 São Paulo/SP
www.edicon.com.br

SUMÁRIO

Prefácio 7

Unidade 1 - Texto: POR QUE UM CURSO DE OBSERVAÇÃO? 11
Questões de estudo

Unidade 2 - Texto: A LINGUAGEM CIENTÍFICA 17
Questões de estudo
Exercícios de estudo

Unidade 3 - Texto: EXPRESSÕES FACIAIS 33
Exercícios de estudo

Unidade 4 - Texto: DEFINIÇÃO DOS OBJETIVOS
E PLANEJAMENTO DO TRABALHO 37
Questões de estudo

Unidade 5 - Texto: O PROTOCOLO DE OBSERVAÇÃO 43
Questões de estudo
Atividade Prática

Unidade 6 - Texto: TÉCNICAS DE AMOSTRAGEM E REGISTRO 57
Questões de estudo
Atividade prática

Unidade 7 - Texto: A TÉCNICA DE REGISTRO CONTÍNUO CURSIVO 69
Questões de estudo
Atividade prática

Unidade 8 - Texto: EVENTOS FÍSICOS E SOCIAIS 83
Questões de estudo
Exercícios de estudo
Atividade prática

Unidade 9 - Texto: A DEFINIÇÃO DE EVENTOS 97
Questões de estudo
Exercícios de estudo

Unidade 10 - Texto: MORFOLOGIA E FUNÇÃO DO COMPORTAMENTO 107
Questões de estudo
Exercícios de estudo

Unidade 11 - Texto: ESTABELECIMENTO DE CLASSES 119
Exercícios de estudo

Unidade 12 - Texto: FIDEDIGNIDADE NAS OBSERVAÇÕES 139
Questões de estudo
Exercícios de estudo

REFERÊNCIAS BIBLIOGRÁFICAS 155

GABARITO DOS EXERCÍCIOS DE ESTUDO 157

PREFÁCIO

Ao apresentar o livro *"Aprendendo a observar"* se faz necessário falar sobre suas origens, e sobre seu antecessor, o livro "Ensinando observação: uma introdução".

O livro "Ensinando observação" é fruto da revisão dos procedimentos e materiais de ensino de um curso introdutório de observação de comportamento, descrito por uma de suas autoras na sua tese de mestrado[1]. O livro desde sua 1ª edição, em 1982[2], teve boa aceitação nos cursos de Psicologia; e vem sendo adotado como livro texto em diferentes universidades do país.

Ao longo desses anos, visando sanar as dificuldades apresentadas pelos alunos, algumas alterações foram feitas nas unidades que compõem o livro; mas, de maneira geral, o livro manteve sua estrutura básica. Agora, passados mais de 20 anos de sua primeira publicação, apresentamos a vocês um livro totalmente reformulado.

"Aprendendo a observar", embora conserve o conteúdo do livro anterior, é um novo livro. Ele focaliza temas não abordados anteriormente, tais como: a definição dos objetivos e o planejamento do trabalho, as técnicas de amostragem e registro, e a fidedignidade nas observações; algumas unidades do livro anterior foram agrupadas; exercícios novos introduzidos; e no final do livro é apresentado os gabaritos dos exercícios de estudo. Uma outra diferença é que

---

[1] DANNA, M. F. **Ensinando observação**: análise e avaliação. São Paulo, 1978. 181p. Dissertação (Mestrado) – Instituto de Psicologia, Universidade de São Paulo.
[2] DANNA, M. F.; MATOS, M. A. **Ensinando observação**: uma introdução. São Paulo, Edicon, 1982.

o livro não depende mais do videoteipe, que o acompanhava; como substituto, são sugeridas situações para observação. Entretanto, se o professor tiver esse recurso disponível, ele poderá continuar a utilizá-lo.

O livro contém um curso para iniciantes em observação do comportamento. O curso tem como objetivo terminal "*o planejamento e execução de um estudo observacional*", seis objetivos intermediários, e é composto por doze unidades de ensino. O Quadro 1, apresentado a seguir, mostra os objetivos intermediários do curso e as unidades em que são desenvolvidos.

	Objetivo intermediário	**Unidades**
I	Identificar as características de uma observação científica.	1 – 2 – 4
II	Observar e descrever o sujeito, o ambiente físico e o ambiente social da situação de observação, utilizando para isso uma linguagem objetiva, clara e precisa.	2 – 5
III	Observar e registrar os eventos comportamentais e ambientais.	2 – 3 – 6 – 7 – 8
IV	Identificar os eventos antecedentes e consequentes ao comportamento.	2 – 8
V	Definir classes de comportamento pela morfologia e/ou função.	2 – 9 – 10 – 11
VI	Avaliar a fidedignidade das observações.	2 – 6 – 7 – 12

Quadro 1 - Objetivos intermediários e unidades correspondentes

As unidades estão relacionadas a um ou dois objetivos, exceção feita à Unidade 2 que se relaciona a todos os seis objetivos. Ela é a unidade fundamental do curso, na medida que caracteriza a linguagem a ser utilizada nos relatos observacionais.

O material contido no livro consiste de textos, questões e exercícios de estudo, instruções para atividade prática e do gabarito dos exercícios de estudo.

Os textos procuram fundamentar o trabalho a ser realizado. As questões de estudo pretendem levar o leitor a rever e analisar o texto lido. Os exercícios de estudo tentam favorecer a aprendizagem. Eles solicitam do aluno a execução de determinadas tarefas tais como: análise de relatos observacionais ou de definições ou sua elaboração. Na última parte do livro (gabaritos), o leitor encontra exemplos de respostas aos exercícios de estudo. As instruções para atividade prática visam orientar o leitor com relação à mesma. Elas descrevem o objetivo do trabalho, como a atividade deverá ser realizada e o tratamento dos dados a ser efetuado. O Quadro 2 apresenta o conteúdo de cada unidade.

Unid.	Texto	Questões de estudo	Exercícios de estudo	Ativ. Prática
1	Por que um curso de observação?	X		
2	A linguagem científica.	X	X	
3	Expressões faciais.		X	
4	Definição dos objetivos e planejamento do trabalho.	X		
5	O protocolo de observação.	X		X
6	Técnicas de amostragem e registro.	X		X
7	A técnica de registro contínuo cursivo.	X		X
8	Eventos físicos e sociais.	X	X	X
9	A definição de eventos.	X	X	
10	Morfologia e função do comportamento.	X	X	
11	Estabelecimento de classes.		X	
12	Fidedignidade nas observações.	X	X	

Quadro 2 - Conteúdo das unidades

Esperamos que *"Aprendendo a observar"*, ao preencher as lacunas existentes no livro anterior, venha ao encontro das necessidades sentidas por professores e alunos.

M.F.D.

Contatos com a autora: dannamara@uol.com.br

Unidade 1

POR QUE UM CURSO DE OBSERVAÇÃO?

É a pergunta natural que surge no início do curso. Os alunos, em geral, estão interessados em saber em que medida o curso de observação contribuirá para sua formação profissional. Para responder a esta questão, é necessário analisar a importância do uso da observação na atividade profissional do psicólogo.

O psicólogo, quando atua como cientista do comportamento, investiga, descreve e/ou aplica princípios e leis do comportamento. Quer na descoberta, quer na aplicação dos princípios e das leis psicológicas, lida principalmente com informações a respeito do comportamento e das mudanças no ambiente físico e social que se relacionam àquele comportamento. Assim, poderíamos dizer que um psicólogo está basicamente interessado em responder a duas questões gerais: O que os organismos fazem? Em que circunstâncias ou sob que condições ambientais?

Ao longo do desenvolvimento da Psicologia como ciência, a observação tem se mostrado o instrumento mais satisfatório na coleta dos dados que respondem àquelas duas questões. Isto acontece, porque o uso de informações obtidas através da observação parece colocar o cientista mais sob a influência do que acontece na realidade do que sob a influência de suposições, interpretações e preconceitos; possibilitando, assim, uma melhor compreensão da natureza e ações transformadoras mais eficazes. Por exemplo, uma pessoa supõe que um fenômeno tem uma determinada causa; se a sua suposição se baseia em dados obtidos através da observação, provavelmente esta pessoa não só explicará, como poderá prever, produzir, interromper ou evitar o fenômeno com uma possibilidade de acerto maior do que quem usa outros recursos.

Não basta, entretanto, que um indivíduo sozinho tenha observado o fenômeno para ele ser tomado como real. E não há maiores méritos em fazer esse trabalho, se a sociedade não puder participar dele. O cientista, que registra e relata suas observações, permite que outros possam repetir o que ele está fazendo. Assim, seus procedimentos e conclusões podem ser criticados, aperfeiçoados e aplicados por outras pessoas. A observação é um instrumento de coleta de dados que permite a socialização e consequentemente a avaliação do trabalho do cientista.

> A observação é utilizada para coletar dados acerca do comportamento e da situação ambiental.

Através da observação sistemática do comportamento dos organismos, em situação natural[3] ou de laboratório, os pesquisadores têm conseguido identificar algumas das relações existentes entre o comportamento e certas circunstâncias ambientais. Por exemplo, o uso da observação tem permitido descobrir que o comportamento é influenciado pelas consequências que produz no ambiente; que os modos pelos quais essas consequências se distribuem no tempo determinam diferentes padrões de comportamento;

---

[3] Situação natural – Situação existente no local onde o organismo vive ou passa parte de seu tempo. No caso de seres humanos: a situação existente na casa, na escola, no local de trabalho etc.

que o comportamento pode ficar sob influência de estímulos particulares do ambiente, em detrimento de outros.

Além da pesquisa, a observação é utilizada pelo psicólogo nas diferentes situações de aplicação da Psicologia, tais como, clínica, escola e organizações. Na clínica o psicólogo recorre à observação ao investigar, por exemplo, a queixa apresentada pelo cliente, isto é, para identificar o que vem a ser "agressividade", "nervosismo", "dificuldades na aprendizagem", "timidez", "ciúmes" etc.; sua frequência, assim como as situações em que estes comportamentos ocorrem. Os psicólogos escolares recorrem à observação para identificar dificuldades de socialização, deficiências na aprendizagem, assim como deficiências no ensino ministrado ou mesmo no currículo da escola. O psicólogo organizacional recorre à observação para identificar as necessidades de treinamento, a dinâmica dos grupos de trabalho, para fazer análise de função etc.

Baseado nessas observações, o psicólogo faz o diagnóstico preliminar da situação-problema, isto é, identifica as deficiências existentes, identifica as variáveis que afetam o comportamento e os recursos disponíveis no ambiente. Com estes elementos, ele é capaz de decidir quais as técnicas e procedimentos mais adequados para obter os resultados que pretende atingir.

A observação, entretanto, não se limita a estas duas fases iniciais. Ao introduzir modificações na situação, isto é, durante e após aplicação de um procedimento, o psicólogo utiliza a observação também para avaliar a eficácia das técnicas e procedimentos empregados. O psicólogo clínico observa o desempenho de seu cliente; o psicólogo escolar, o desempenho de alunos e professores; o psicólogo organizacional, o desempenho dos funcionários para verificar a ocorrência ou não de alterações comportamentais. Através deste acompanhamento, o psicólogo tem condições de avaliar o grau de mudança na situação e, portanto, a eficácia de suas técnicas terapêuticas, dos programas de ensino e treinamento utilizados.

> Os dados coletados por observação são usados para diagnosticar a situação-problema, para escolher as técnicas e procedimentos a serem empregados e para avaliar a eficácia dessas técnicas e procedimentos.

Os dados coletados por observação referem-se aos comportamentos exibidos pelo sujeito: contatos físicos com objetos e pessoas, vocalizações, expressões faciais, movimentações no espaço, posturas e posições do corpo etc. Os dados referem-se também à situação ambiental, isto é, às características do meio físico e social em que o sujeito se encontra, bem como às mudanças que ocorrem no mesmo.

O tipo de dado a ser coletado depende do objetivo para o qual a observação está sendo realizada. Se a observação tem por objetivo identificar o repertório de comportamento[4] de um sujeito, o psicólogo registrará todos[5] os comportamentos que o sujeito apresenta durante a observação. Se a observação tem por objetivo identificar as variáveis que interferem com um dado comportamento, o observador registrará toda vez que o comportamento ocorrer, bem como as circunstâncias ambientais que antecederam e seguiram a esse comportamento. Por exemplo, registrará o local em que o sujeito se encontra, o que acontece neste local antes e depois da ocorrência do comportamento, bem como o comportamento de outras pessoas que estão presentes no local. Se o objetivo da observação é detectar a eficácia de um procedimento sobre um dado comportamento, o observador registrará o comportamento antes, durante e após a aplicação do procedimento, bem como as características de que se reveste a aplicação daquele procedimento.

---

[4] Repertório comportamental: conjunto de comportamentos de um organismo.
[5] Ao registrar todos os comportamentos do sujeito, o grau de precisão da observação torna-se menor do que quando o observador seleciona alguns comportamentos a serem registrados.

> O objetivo da observação determina quais serão os dados a serem coletados.

Neste ponto é necessário esclarecer que a observação a que nos referimos, neste texto, difere da observação casual que fazemos no nosso dia a dia. A observação científica se caracteriza por ser uma observação sistemática e objetiva.

Entendemos que a observação é *sistemática* pelo fato de ser planejada e conduzida em função de um objetivo anteriormente definido. Como já foi dito, a definição do objetivo ajuda o investigador a selecionar, entre as inúmeras possibilidades, aquelas características que transmitem a informação relevante. As observações científicas são realizadas em condições explicitamente especificadas. Especificar as condições, ou melhor, planejar as observações, significa estabelecer:

- *onde* – em que local e situação a observação será realizada;
- *quando* – em que momentos ela será realizada;
- *quem* – quais serão os sujeitos a serem observados;
- *o que* – que comportamentos e circunstâncias ambientais devem ser observados; e
- *como* – qual a técnica de observação e registro a ser utilizada.

A *objetividade* na observação significa ater-se aos fatos efetivamente observados. Isto é, fatos que podem ser percebidos pelos sentidos, deixando de lado todas as impressões e interpretações pessoais.

> A observação científica é uma observação sistemática e objetiva.

Por que um curso de observação? – perguntamos. Tendo em vista que a observação científica é utilizada pelo psicólogo como um instrumento para coletar dados, e que a observação científica é uma observação sistemática e objetiva, que requer a adoção de procedimentos específicos de coleta e de registro de dados, consideramos de fundamental importância um curso que possibilite o treinamento dos alunos no uso deste instrumento.

O curso proposto tem por objetivo capacitar o aluno a realizar estudos observacionais. Para tanto, oferece um treinamento em observação e registro do comportamento e das circunstâncias em que o comportamento ocorre. Um treinamento que atende as exigências de sistematização e objetividade da observação. Ao longo do curso serão discutidos também alguns cuidados técnicos e éticos que o observador precisa e deve ter durante seu trabalho.

Questões de estudo

1) Por que a observação é considerada um instrumento de trabalho do psicólogo?
2) Explique a importância do relato das observações.
3) Identifique quatro situações em que o psicólogo utiliza a observação. Exemplifique.
4) Para que servem os dados coletados por observação?
5) Que tipo de dados são coletados por observação?
6) Em que medida o objetivo da observação se relaciona ao tipo de dado coletado?
7) Quais são as características de uma observação científica?
8) O que é uma observação sistemática?
9) O que é uma observação objetiva?
10) Por que é importante um curso de observação?

Unidade 2

A LINGUAGEM CIENTÍFICA

A maioria das pessoas costuma observar ocorrências e relatá-las a outrem. Dependendo do objetivo a que servem, observação e relato de ocorrências podem ser feitos de diferentes maneiras. Para a ciência, cujo objetivo é predizer e controlar os eventos da natureza, um fato só adquire importância e significado se é comunicado a outros fazendo uso de uma linguagem que obedece a certas características; e é sobre as características da linguagem científica que iremos falar neste texto.

A linguagem utilizada nos relatos observacionais difere da que usamos em nossa vida diária, a linguagem coloquial, bem como da usada na literatura. No exemplo a seguir, temos um trecho extraído da literatura. Quando você está lendo um romance, provavelmente encontra relatos de acontecimentos que fazem uso de uma linguagem semelhante a esta:

"Deolindo Venta-Grande (era uma alcunha de bordo) saiu do Arsenal da Marinha e se enfiou pela rua de Bragança. Batiam três horas da tarde. Era a fina flor dos marujos e, de mais, levava um grande ar de felicidade nos olhos. A corveta dele voltou de uma longa viagem de instrução, e Deolindo veio à terra tão depressa alcançou licença. Os companheiros disseram-lhe, rindo: — Ah, Venta-Grande! Que noite de almirante você vai passar! Ceia, viola e os braços de Genoveva. Colozinho de Genoveva... chamava-se Genoveva, caboclinha de vinte anos, esperta, olhos negros e atrevidos". (Machado de Assis – Noite de Almirante. Em *Antologia escolar de contos brasileiros*. Rio de Janeiro: Ed. de Ouro,1969, p.15).

Analisemos o exemplo. Trata-se de um relato literário. Evidentemente o autor não pretende descrever apenas o que aconteceu realmente. Também não necessita fazê-lo da maneira mais fiel possível. Lógico! O trabalho de um escritor não exige que o que ele conta seja constatado da mesma maneira pelos outros. Ele não quer demonstrar fatos. Sua tarefa é mais comunicar e produzir impressões sobre coisas que podem até não ter acontecido. O objetivo de um escritor permite, e até exige, que "dê asas à sua imaginação".

Se o comportamento de Deolindo e os aspectos do ambiente que atuam sobre seu comportamento estivessem sendo descritos cientificamente, seriam aproximadamente assim:

> "Deolindo é marujo. A corveta à qual serve encontra-se no porto, após uma viagem de 6 meses. Deolindo, 10 minutos após ter obtido licença, dirigiu-se à terra. Saia do Arsenal da Marinha e os companheiros disseram-lhe, rindo: – Ah! Venta-Grande! Que noite de almirante você vai passar! Ceia, viola e os braços de Genoveva. Colozinho de Genoveva... Genoveva é cabocla, tem vinte anos e olhos pretos. Às três horas da tarde, Deolindo dirigiu-se à rua de Bragança".

O que parece logo "saltar aos olhos" é que o relato aproximadamente científico não tem poesia. Isto mesmo! Um relato científico não usa o recurso da linguagem figurada, não recorre a interpretações, nem impressões subjetivas.

A objetividade é uma característica fundamental da linguagem científica. Tentemos agora observar algumas mudanças sofridas pelo texto quando foi transformado em linguagem aproximadamente científica:

O apelido *Venta-Grande* bem como a informação que estava entre parênteses foram suprimidos. Trata-se de uma linguagem coloquial. Também foram suprimidos o termo *batiam* (referente às horas) e as frases "*Era a fina flor dos marujos e, de mais, levava um grande ar de felicidade nos olhos*". Exclui-se, do mesmo modo, os termos *esperta* (referente a Genoveva) e *atrevido* (atributo para os olhos de Genoveva). Tais mudanças excluem recursos de linguagem, os quais representam impressões subjetivas do autor e se referem a eventos ou características que não foram observados.

Observemos também que os termos *longa* (referente à viagem) e *depressa* (referente à saída de Deolindo para a terra), foram substituídos por medidas (6 meses; 10 minutos). Os termos "longa" e "depressa" não indicam os referenciais utilizados, permitindo várias interpretações a respeito do tempo transcorrido.

A ordem de alguns trechos da descrição também foi mudada. Num relato científico, na maioria das vezes, a apresentação dos eventos, na ordem em que ocorreram, é da maior importância. Já imaginou se você fosse descrever o comportamento da abelha fazer mel e citasse as ações da abelha fora de ordem? E se isso acontecesse com um relato científico das ações envolvidas no preparo de um bolo?

Bom, voltemos às mudanças na estória do Deolindo. Embora seja uma linguagem coloquial e com figuras de estilo, a fala dos companheiros de Deolindo não foi suprimida ou alterada. Por quê? Trata-se de uma reprodução do que realmente foi dito. É a linguagem dos personagens, não do autor. Em alguns casos, o cientista pode ter como objetivo descrever as características das interações verbais entre pessoas. Poderá usar então transcrições no seu relato.

Não vamos agora esperar que todas as pessoas passem a usar uma linguagem científica. O que determina a adequação das características da linguagem é o objetivo. É óbvio que a estória do Deolindo, se fosse contada pelo escritor de modo aproximadamente científico, não teria beleza. Seria um desastre! E o que dizer de duas amigas que contassem as "novidades" daquela maneira?

Um escritor, um cientista e uma pessoa comum, pretendem influenciar seus ouvintes e leitores, de maneira diferentes. Portanto, usam linguagem com características diferentes.

> Psicólogos e cientistas do comportamento são pessoas comuns que usam linguagem coloquial no seu dia-a-dia; mas na sua atividade profissional, quando estão interessados em descrever, explicar e alterar o comportamento, devem usar uma linguagem científica.

1. A OBJETIVIDADE DA LINGUAGEM

Como já foi sugerido, a objetividade é a característica fundamental da linguagem científica. Pela objetividade, o relato científico se distingue dos demais. Sem objetividade não teríamos bases sólidas para estudar um fenômeno; estaríamos estudando apenas a opinião das pessoas que supostamente estão "descrevendo" o fenômeno. A linguagem objetiva busca eliminar todas as impressões pessoais e subjetivas que o observador possa ter, ou interpretações que ele possa dar acerca dos fatos.

Vimos anteriormente como seria o relato em linguagem objetiva da estória de Deolindo. Vejamos outro exemplo. São dadas, a seguir, duas descrições dos comportamentos apresentados por uma senhora dentro de um ônibus; a primeira é um relato não objetivo e a segunda é feita em linguagem objetiva.

Relato 1	Relato 2
1) S * anda à procura de um lugar para se sentar	1) Ônibus com todos os assentos ocupados. S dentro do ônibus, de pé, anda em direção à porta traseira do ônibus.
2) Como não encontra, para ao lado da oitava fileira de bancos, atrás do motorista. Tenta pedir um lugar aos passageiros que se encontram sentados naquele banco.	2) Ônibus com todos os assentos ocupados. S parada, de pé, ao lado da oitava fileira de bancos, atrás do motorista. Vira a cabeça em direção aos passageiros que estão sentados no banco.
3) Como ninguém se incomoda, cansada, ela desiste.	3) Ônibus com todos os assentos ocupados. S parada, de pé, ao lado da oitava fileira de bancos, atrás do motorista. Passageiros do banco olham em direção à rua, S expira fundo e fecha os olhos.

Ao analisar os relatos verificamos que o termo "cansada" se refere a uma impressão do observador acerca do estado do sujeito, e que o mesmo foi eliminado e substituído, no segundo relato, pela descrição dos comportamentos exibidos pelo sujeito naquele momento, "expira fundo e fecha os olhos". Foram também eliminadas, no segundo relato, as interpretações: "tenta pedir um lugar aos passageiros"; "como ninguém se incomoda" e "ela desiste".

A importância da objetividade na linguagem torna-se evidente quando se comparam os dois relatos. No primeiro, as ações do sujeito são descritas de acordo com um determinado ponto de vista, que pode ou não estar correto. Possivelmente, se outro observador estivesse presente na situação, interpretaria as ações do sujeito de um modo diferente. O segundo relato elimina as divergências entre os observadores, na medida em que descreve exatamente as ações que ocorrem.

Alguém poderia, entretanto, argumentar que a linguagem objetiva não exprime com veracidade o que está ocorrendo, uma vez que elimina informações relevantes acerca do fenômeno, informações que dão sentido à ação. Neste caso responderíamos dizendo que uma descrição mais refinada, que inclua gestos, verbalizações, entonação de voz, expressões faciais etc., forneceria ao leitor a imagem requerida.

De uma maneira geral, os principais erros contra a objetividade que devem ser evitados num relato são:

A utilização de termos que designem estados subjetivos

Termos tais como "cansada", "triste", "alegre", "nervosa" etc. devem ser evitados. Ao invés de utilizar termos que exprimam uma impressão acerca do estado do sujeito, o observador deve descrever aquilo que observou, ou melhor, os indicadores comportamentais de um estado subjetivo. O recomendado é o uso de indicadores tais como, movimentos corporais, posturas e expressões faciais exibidos pelo sujeito. Por exemplo, ao invés de registrar "S está alegre", o observador registrará "S sorri, bate o pé direito no chão acompanhando o ritmo da musica".

A atribuição de intenções ao sujeito

Ao invés de interpretar as intenções do sujeito, o observador deve descrever as ações observadas. Por exemplo, ao invés de registrar "tenta pedir um lugar aos passageiros", o observador registrará "vira a cabeça em direção aos passageiros"; ao invés de registrar "a professora ia pegar o apagador", o observador registrará "a professora estende a mão em direção ao apagador".

A atribuição de finalidades à ação observada

Ao invés de interpretar os motivos que levaram o sujeito a se comportar, o observador deve descrever o comportamento e as circunstâncias em que ele ocorre. Por exemplo, em lugar de escrever "*S* fecha a porta porque venta", o observador registrará "*S* fecha a porta. Venta lá fora"; ao invés de registrar "*S* anda à procura de um lugar para sentar", o observador registrará "*S* anda em direção à porta traseira do ônibus". Talvez *S* possa ter fechado a porta porque ventava e que ande no ônibus à procura de um lugar para sentar, mas não é adequado dizê-lo, uma vez que o sujeito pode fechar a porta por outros motivos. A senhora do nosso exemplo pode ter andado para a parte de traz do ônibus porque ia descer no próximo ponto, ou porque viu uma pessoa que lhe pareceu conhecida.

Algumas vezes, ocorrem eventos os quais têm alguma relação entre si e acontecem um após o outro, de forma que o primeiro cria oportunidade para o segundo e assim sucessivamente. Um exemplo seria a situação onde alguém se dirige a um armário, abre-o, retira um doce da lata que há dentro do armário e leva o doce à boca. Nesses casos, alguns relatos tendem a referir às últimas ações como uma finalidade em função da qual ocorrem as ações iniciais. "Abriu o armário para comer doce ". Uma linguagem científica prescinde de atribuir intenções às pessoas que estão sendo observadas. O correto seria relatar os eventos na ordem em que ocorrem, evitando termos que indicam atribuição de *finalidade* – "abriu o armário para comer doce" – ou de *causalidade* – "porque estava com fome".

> Um relato objetivo evita: a) utilizar termos que designem estados subjetivos; b) interpretar as intenções do sujeito; c) interpretar as finalidades da ação.

---

* Nos relatos de observação é costume, para evitar a divulgação dos nomes, identificar, através de letras, as pessoas presentes na situação. A letra maiúscula *S* é, em geral, utilizada para designar o sujeito observado.

2. A CLAREZA E PRECISÃO

Outro aspecto que caracteriza um relato científico é o uso de uma linguagem clara e precisa. Uma linguagem é *clara* quando de fácil compreensão; e *precisa* quando representa as coisas com exatidão. A linguagem clara e precisa: a) obedece os critérios de estrutura gramatical do idioma; b) usa termos cujo significado, para a comunidade que terá contato com o relato, não é ambíguo (isto é, as palavras usadas são frequentemente aceitas na comunidade como referentes a certos fenômenos e eventos e não a outros); c) indica as propriedades definidoras dos termos, fornecendo referências quantitativas e empíricas, sempre que: o relato pode ser usado por comunidades diferentes (cientistas e/ou leigos de diferentes áreas de conhecimento, grupos social, econômica e culturalmente diferentes) ou quando, mesmo para uma comunidade restrita, os termos sem a indicação dos referenciais podem ser relacionados pelo leitor a eventos de diferente natureza e magnitude. Por exemplo, termos como "longe", "imediato", "rápido", "alto" etc., que dizem respeito a aspectos mensuráveis da natureza (distância, latência, velocidade, frequência etc.) devem em geral estar acompanhados da indicação da amplitude de valores à qual se referem.

Se retomarmos a leitura do trecho literário que fala a respeito do personagem Deolindo, poderemos verificar que, diferentemente do relato científico, a linguagem literária não necessita obedecer rigorosamente à exigência de clareza e precisão. Assim, não é de surpreender que o autor se sinta inteiramente à vontade para dizer sobre Deolindo: ..."levava um grande ar de felicidade nos olhos"..."veio à terra tão depressa, alcançou licença"...

Um cientista teria que explicitar o que observou nos olhos de Deolindo e que tomou como indicador de felicidade; seria uma mudança no brilho? Em quanto mudou? Seria nos movimentos palpebrais ou seria no tamanho da pupila? O que quer que fosse, deveria ser descrito com precisão. A respeito de "vir à terra tão depressa alcançou a licença", o que quer dizer a palavra *depressa*? Quanto tempo exatamente transcorreu entre a licença e a saída? Para ser considerado claro e preciso, um relato deve responder previamente a essas interrogações.

Vejamos outro exemplo. A seguir, são apresentados dois relatos de uma mesma cena. O primeiro relato (Relato 3) é claro e preciso, e no outro (Relato 4) cometeram-se erros com relação à clareza e precisão.

Ao analisar os dois relatos, verificamos que os termos e expressões "movimenta" e "muda de postura", utilizados no Relato 4, não descrevem claramente quais foram as ações observadas. E que os termos "pequena", "criança" e "por algum tempo" carecem de um referencial físico de comparação, ou seja, falta-lhes precisão.

Relato 3	Relato 4
1) Sobre o tapete, a meio metro da mesa de centro, está uma bola vermelha de 5 cm de diâmetro.	1) Sobre o tapete da sala está uma bola pequena.
2) Um menino de aproximadamente quatro anos de idade, anda em direção à bola.	2) Uma criança se movimenta em direção à bola.
3) De frente para a bola, o menino se agacha e a pega.	3) De frente para a bola, a criança muda de postura e a pega.
4) Levanta-se. Permanece parado de pé, segurando a bola por aproximadamente 10 segundos.	4) Levanta-se. Por algum tempo permanece parado de pé, segurando a bola.
5) Grita: – "Ô", "Ô" e joga a bola em direção à porta.	5) Grita: – "Ô", "Ô" e joga a bola em direção à porta.
6) Corre em direção à bola.	6) Movimenta-se em direção à bola.

Para preencher os requisitos de clareza e precisão na linguagem, o observador deve evitar o uso de:

Termos amplos

Termos cujo significado inclui uma série de ações. Por exemplo: "brincar" pode significar "jogar bola", "jogar peteca", "nadar", "pular corda" etc. Em lugar de utilizar termos amplos, o observador deve especificar os comportamentos apresentados pelo sujeito.

Ao invés de registrar "o menino brinca com a bola", o observador especificará cada uma das ações apresentadas pelo garoto, ou seja, "o menino anda em direção à bola, pega a bola, joga-a no chão, chuta-a com o pé" etc. No exemplo dado anteriormente, deixará de registrar "a criança se movimenta", e indicará como o menino se movimenta, se ele anda, corre, engatinha etc.; ao invés de "S muda de postura", o observador registrará a mudança de postura ocorrida, se ele se agacha, deita, ajoelha etc.

Termos indefinidos ou vagos

Termos que não identificam o objeto ou identificam parcialmente os atributos do objeto. Por exemplo, os termos "pequena", "por algum tempo", "criança", empregados no relato 4.

Ao invés de utilizar termos indefinidos ou vagos, o observador deve especificar o objeto ao qual a ação é dirigida, e fornecer os referenciais físicos utilizados para a descrição dos atributos do objeto; referenciais relativos a cor, tamanho, direção etc. Por exemplo, deixará de registrar "bola pequena", e fornecerá o diâmetro da bola, ou anotará o referencial de comparação (bola menor do que as outras); ao invés de registrar "a criança jogou durante algum tempo", o observador anotará "um menino, de aproximadamente 4 anos, jogou futebol durante mais ou menos 30 minutos", isto é, ele especificará o sexo e a idade da criança, a ação que ocorre e o tempo de duração da ação.

Convém lembrar que se um termo tiver sido anteriormente definido, o mesmo poderá ser empregado no registro. Por exemplo, se o observador especificar, no início do registro, que o termo "criança" se refere a um menino de aproximadamente 4 anos, ele poderá utilizar este termo posteriormente.

Termos ou expressões ambíguas

Quando numa expressão, um termo pode ser referente tanto ao sujeito da frase quanto a seu complemento, o observador deve usar termos adicionais que indiquem precisamente a que ou quem o termo se refere. Por exemplo: ao registrar "*P* amarra o sapato. Encosta na parede", alguém poderia indagar: *P* encostou-se ou encostou o sapato à parede? Cuidado semelhante deve ser tomado quando se usam palavras que podem ter vários significados. Por exemplo, em algumas regiões do Brasil, se alguém registra: "*M* quebrou as cadeiras", certamente se perguntará: quebrou móveis que servem de assento, ou fraturou os ossos ilíacos?

> Para um relato ser claro e preciso deve-se evitar:
> a) termos amplos;
> b) termos indefinidos ou vagos;
> c) termos ou expressões ambíguas.

Para facilitar o trabalho de registrar os comportamentos e os aspectos do ambiente com objetividade, clareza e precisão, o observador deve usar:

a) Verbos que identifiquem a ação exibida pelo sujeito. Tais como: correr, andar, bater etc.

b) Termos que identifiquem os objetos ou pessoas presentes na situação e suas características. Por exemplo, termos tais como: sapato, bola, homem, cor vermelha, janela fechada etc.

c) Referenciais físicos. Os referenciais utilizados são as partes do corpo do sujeito, os objetos e pessoas presentes no ambiente e os padrões de pesos e medidas adotados oficialmente (metro, quilo, litro etc.). Exemplo do uso de referenciais: "coloca a ponta do dedo sobre o nariz", "é o menino mais alto da classe" etc.

QUESTÕES DE ESTUDO

1) Quais são as características de uma linguagem científica?
2) O que é uma linguagem objetiva?
3) Em relação à objetividade, como característica da linguagem científica, que tipo de erro um observador menos cuidadoso comete?
4) O que significa clareza e precisão na linguagem?
5) Com relação à clareza e precisão na linguagem, que tipo de erro pode ocorrer?
6) Como o observador deve proceder para registrar os fatos com linguagem científica?

EXERCÍCIOS DE ESTUDO

Nos cinco relatos de observação, apresentados a seguir, foram cometidos erros em relação à objetividade ou clareza e precisão. Inicie o trabalho, sublinhando, em cada relato, os termos ou expressões que contrariam as características da linguagem científica. Após a identificação dos mesmos:

a) escreva, no espaço existente na folha, os termos ou expressões encontradas;
b) identifique, em cada um deles, se o erro foi contra a objetividade ou contra a clareza e precisão; e, por último,
c) explique o tipo de erro cometido.

Relato 1

S anda em direção à uma loja. *S* entra na loja pensando o que vai comprar. Um vendedor sorridente aproxima-se de *S* para atendê-la. O vendedor diz: "Em que posso ajudar?" *S* olha para o vendedor e fala: "Quero um par de sapatos nº 42 para minha filha". O vendedor com ar surpreso vira-se para buscar o sapato. *S* anda em direção ao banco, senta no banco e espera. O vendedor volta trazendo alguns pares de sapato. *S* escolhe um deles. *S* vai ao caixa, paga o sapato e sai da loja contente.

Relato 2

S anda até o balcão de uma companhia aérea. *S* pede, inseguro, informações sobre voos. *A* querendo ajudar entrega a ele um folheto com as escalas de voo. *S* confuso olha o folheto. *S* inclina o corpo para frente e deixa cair algo. *A* pergunta se pode ajudar. *S* diz que quer ir para Brasília. *A* diz que o próximo voo sai às 19 horas. *S* agradece e se abaixa para pegar a caneta que caiu.

Relato 3

 S volta apreensiva da balada. O pai está na sala dormindo. *S* tira os sapatos e caminha pé ante pé para não acordá-lo. *S* esbarra na mesinha de centro. Uma coisa cai no chão. O pai mal humorado grita: "Isto é hora de chegar?" *S* tentando acalmá-lo, beija o pai e diz: "Estava bom demais, não deu para sair antes".

Relato 4

 Maço de provas recém aplicadas. *S* senta desanimado em frente à escrivaninha e começa a corrigir as provas. Em determinado momento dá uma risada. Levanta da cadeira para fumar um cigarro. Volta ao trabalho com mais ânimo. Corrige dez provas. O telefone toca. *S* diz: "Não estou para ninguém". A empregada diz: "É da escola de seu filho". *S* assustado pega o telefone.

Relato 5

S e seu irmão brigam na sala. A mãe entra na sala e manda que cada um vá para o seu quarto. *S* diz que foi o irmão que começou, em seguida, sai da sala. No quarto liga a TV para matar o tempo. Desliga a TV e faz uma arte. A mãe entra no quarto e diz: "Que eu faço com você?". *S,* envergonhado, pede desculpas à mãe.

Unidade 3

EXPRESSÕES FACIAIS

Um dos principais erros cometidos pelo observador é o uso de termos que se referem a estados subjetivos, tais como, "alegre", "triste", "cansado", "preocupado" etc. Estes termos são utilizados com base em alguns indicadores percebidos por ele, tais como postura e ritmo dos movimentos que a pessoa apresenta, mas principalmente, com base nas expressões faciais do sujeito.

Expressão facial é o aspecto geral, num dado momento, do rosto de uma pessoa. Ela reflete, no conjunto, as disposições espaciais em que se encontram a cabeça, a testa, as sobrancelhas, os olhos, o nariz, as bochechas, a boca e o queixo.

Por ser um conjunto de disposições espaciais de vários segmentos do rosto, que se alteram com rapidez, se torna difícil registrá-las com precisão. A dificuldade está relacionada também ao fato das expressões faciais, frequentemente, acompanharem comportamentos motores do sujeito. Em geral, acabamos focalizando apenas um dos ou dois elementos que se destacam (por exemplo: testa e sobrancelhas, olhos e nariz, boca e bochechas, boca e queixo etc.). Com o auxílio de fotografias podemos, entretanto, congelar a imagem e descrever o que acontece em todo rosto.

Vejamos dois exemplos. As fotos 3.1 e 3.2 mostram imagens de uma menina com um ano e três meses de idade.

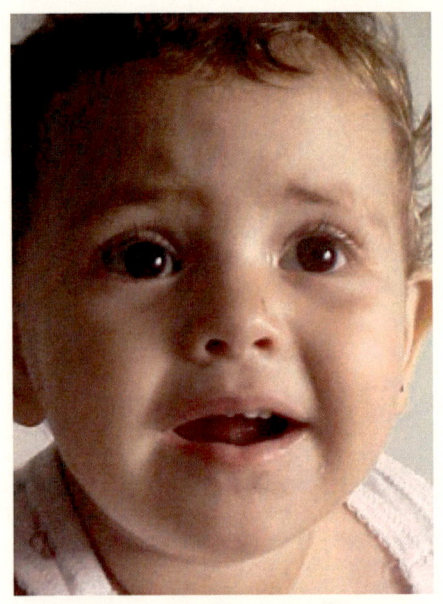

Foto 3.1

Descrição da foto 3.1

A menina está com a cabeça ligeiramente inclinada para trás; olhos arregalados e voltados para o alto; sobrancelhas levantadas; testa franzida; boca aberta e estendida, com exposição de dentes superiores e da língua; bochechas salientes.

Foto 3.2

Descrição da foto 3.2

A menina está com a cabeça inclinada para a esquerda; olhos abertos e voltados para baixo; boca fechada formando ligeiro bico, cantos dos lábios voltados para baixo; queixo saliente.

Exercício de estudo

O exercício visa o treinamento na descrição objetiva de expressões faciais. As fotografias mostram o rosto de uma menina. Observe as fotos e descreva ao lado sua expressão facial. Analise a posição da cabeça, a testa, as sobrancelhas, os olhos, o nariz, as bochechas, a boca e o queixo.

Descrição do rosto 1
_____
_____
_____
_____
_____
_____
_____
_____

Descrição do rosto 2
_____
_____
_____
_____
_____
_____
_____
_____

Descrição do rosto 3

_____
_____
_____
_____
_____
_____
_____

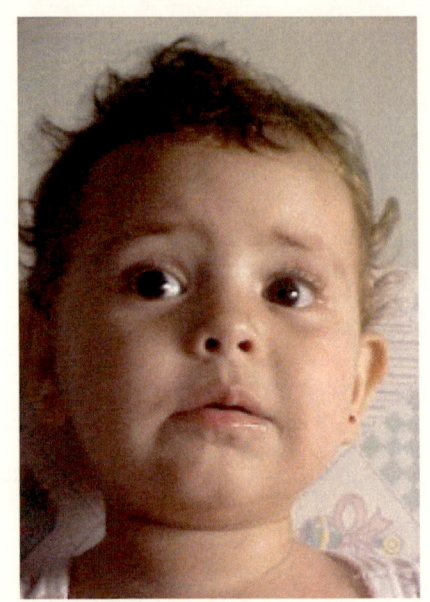

Descrição do rosto 4

_____
_____
_____
_____
_____
_____
_____

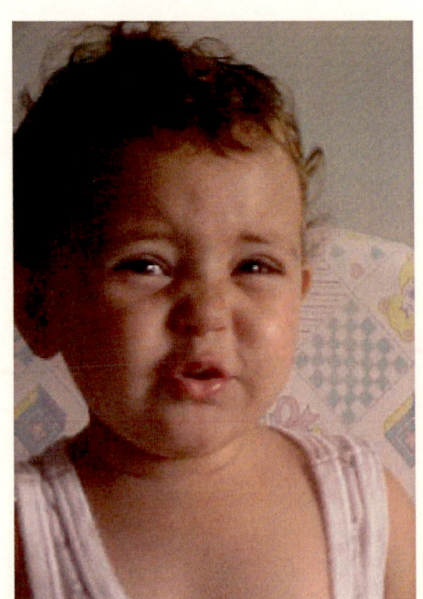

Unidade 4

DEFINIÇÃO DOS OBJETIVOS E PLANEJAMENTO DO TRABALHO

Todo trabalho em que se utiliza a observação como um instrumento de coleta de dados, seja de pesquisa ou de aplicação, requer do psicólogo uma série de decisões. Decisão com relação ao que será observado, a quem será observado, aonde a observação ocorrerá, a frequência das observações, como serão registrados os dados etc. Todas estas decisões, embora possam parecer escolhas arbitrárias do observador, são feitas com base em critérios bem estabelecidos, sendo o objetivo do estudo, ou melhor o problema a ser investigado, o principal critério utilizado por ele.

O objetivo do estudo é a diretriz que norteia a observação e a primeira etapa do trabalho do observador consiste justamente em estabelecer o *objetivo para o qual a observação será realizada*.

Ao definir o objetivo, o observador deverá especificar de forma clara e objetiva o que pretende com a observação. O objetivo pode aparecer na forma de uma pergunta ou na forma afirmativa com o verbo no infinito. A nosso ver a segunda forma é a mais adequada, na medida em que indica ao observador o que deve ser feito. Vejamos alguns exemplos:

1.a. Quais são as brincadeiras que ocorrem no pátio durante o recreio?
1.b. Identificar as brincadeiras que ocorrem no pátio durante o recreio.

2.a. Meninos e meninas brincam de forma diferente?
2.b. Analisar se existem diferenças nas brincadeiras apresentadas por meninos e meninas.

3.a. Como se desenvolve uma brincadeira?
3.b. Analisar como se desenvolve uma brincadeira: início, meio e fim.

4.a. Com quem a criança brinca?
4.b. Analisar como as crianças se agrupam ao brincar.

5.a. Quem propõe a brincadeira exerce a liderança da mesma?
5.b. Verificar a relação entre quem propõe a brincadeira e quem exerce a liderança da mesma.

6.a. Como ocorrem as desavenças entre crianças?
6.b. Identificar os comportamentos exibidos numa desavença entre crianças, assim como os eventos antecedentes e consequentes aos mesmos.

7.a. O que mantém o comportamento de desatenção à aula?
7.b. Analisar os comportamentos de desatenção à aula exibidos por uma criança: como ocorrem, quando ocorrem e quais suas consequências imediatas.

8.a. Qual candidato deverá ser selecionado para o cargo de chefia de um setor em uma indústria têxtil?
8.b. Avaliar se o candidato preenche os requisitos para o cargo de chefia de um setor em uma indústria têxtil.

9.a. O ritmo da fala de um cliente em terapia está relacionado a suas áreas-problema?

9.b. Identificar mudanças no ritmo da fala de um cliente em terapia e quando as mesmas ocorrem.

10.a. Qual o grau de comprometimento emocional do indivíduo que ingressa no hospital psiquiátrico?

10.b. Avaliar o grau de comprometimento emocional do indivíduo que ingressa no hospital psiquiátrico.

Embora a diferença entre as duas formas de apresentação dos objetivos possa parecer sutil, verifiquem que a *forma b* focaliza o comportamento do observador, enquanto a *forma a* focaliza apenas o assunto de seu interesse. Lembre-se, entretanto, que a escolha por uma ou outra é uma opção pessoal sua.

> O objetivo de estudo deve ser especificado de forma clara e objetiva.

Após a definição do objetivo você está em condições de iniciar a segunda etapa do trabalho, o *planejamento da coleta de dados*. Planejar a coleta dos dados significa especificar: quem será observado, onde a observação ocorrerá, a frequência das observações, o tempo de observação, o que será observado e como serão registrados os dados.

Ao especificar *quem será observado*, o observador deve se referir ao número total de sujeitos previstos assim como aos critérios utilizados na seleção dos mesmos, por exemplo: sexo, idade, nível sócio-econômico, grau de escolaridade ou outra característica relevante.

Identificar *onde a observação ocorrerá*, significa dizer os locais e situações escolhidos para observação. Por exemplo, sala de aula, durante atividade livre, de três escolas particulares de classe média da zona sul da capital paulista (escola A, escola B e escola C).

Ao determinar a *frequência das observações*, o observador especifica o número de sessões planejadas para um determinado período de tempo, assim como a duração total do trabalho. Por exemplo, 3 sessões semanais durante 2 meses. E ao indicar o *tempo de observação* é feita referencia à duração da sessão, por exemplo, as sessões terão 1 hora de duração.

Quanto ao *que será observado*, isto é os comportamentos e eventos ambientais a serem focalizados, o observador poderia: a) fazer um registro amplo das ações, isto é registrar os comportamentos motores, as expressões faciais, os comportamentos vocais assim como os eventos antecedentes e consequentes a esses comportamentos; b) selecionar determinadas classes de comportamento a serem registradas, por exemplo, registrar unicamente interações ou unicamente os comportamentos motores, as expressões faciais ou uma categoria pré-definida, por exemplo, disputa por brinquedos; c) focalizar a observação e registro em determinada parte do corpo, por exemplo, os movimentos da mão ou da boca.

Por último, *como serão registrados os dados*, isto é indicar as técnicas de amostragem e de registro utilizadas. As técnicas de amostragem e de registro serão objeto da Unidade 6.

O objetivo de estudo direciona as escolhas a serem feitas pelo observador com relação a cada um destes itens, mas além dele, o conhecimento já existente do assunto, o interesse específico do observador e as condições possíveis de realização do trabalho, são levados em conta. Dessen e Murta (1997) salientam que o enfoque teórico do pesquisador exerce também influencia nas decisões. As escolhas do pesquisador, que tem por orientação teórica a análise experimental do comportamento, diferirá, possivelmente, daquelas feitas por um pesquisador cujo enfoque teórico é o etológico.

Analisemos os objetivos 1 e 5, citados anteriormente.

No caso 1, *identificar as brincadeiras que ocorrem no pátio durante o recreio*, o objetivo determina que o sujeito da observação são crianças, o local da observação é o pátio de uma escola durante o intervalo de recreio, e o que será observado são os diferentes tipos de brincadeira apresentados pelas crianças. O conhecimento já existente, o interesse específico do observador e as condições possíveis de realização do trabalho irão influenciar na determinação do sexo e idade das crianças a serem observadas, na região e escolas escolhidas para observação, no período em que as mesmas ocorrerão, na frequência e duração das sessões, assim como nas técnicas de amostragem. O conhecimento ou não do assunto a ser investigado influirá também na técnica de registro de dados a ser escolhida; no caso de um assunto conhecido, o registro poderá ser feito através de categorias pré-definidas, já no caso de um assunto desconhecido a melhor escolha será o registro cursivo.

No caso 5, *verificar a relação entre quem propõe a brincadeira e quem exerce a liderança da mesma*, o objetivo também determina que os sujeitos serão crianças, mas neste caso serão focalizadas as iniciativas, ou melhor os comandos da criança na brincadeira e se estes são acatados pelas outras crianças; e a técnica de amostragem mais adequada será o registro por episódio, isto é o registro que focaliza a brincadeira e a atuação de cada criança na mesma. O conhecimento já existente, o interesse específico do observador e as condições possíveis de realização do trabalho irão influenciar, como no caso anterior, na determinação do sexo e idade das crianças a serem observadas, no local em que a observação será realizada, no período em que as mesmas ocorrerão, na frequência e duração das sessões, assim como na técnica de registro de dados.

> Ao planejar uma pesquisa deve-se levar em conta, além do objetivo do estudo, o conhecimento já existente do assunto, o interesse especifico do observador e as condições possíveis de realização do trabalho.

O delineamento da pesquisa, em função das escolhas a serem feitas pelo observador, vai determinar a validade das conclusões, isto é sua validade interna e externa. Validade interna refere-se à consistência das declarações da amostra, isto é, se as afirmações feitas são representativas da amostra; enquanto validade externa refere-se a interpretações e generalizações da amostra para outras situações e populações.

QUESTÕES DE ESTUDO

1) Como o objetivo deve ser definido?
2) O que significa planejar a coleta de dados?
3) Explique cada uma das informações a serem fornecidas no planejamento.
4) Quais são os critérios que o observador utiliza no planejamento?
5) O que vem a ser validade interna e externa?

Unidade 5

O PROTOCOLO DE OBSERVAÇÃO

Feito o planejamento, você está pronto para começar a coleta de dados. A folha onde o observador registrará os dados a serem coletados é denominada de *protocolo de observação*. O protocolo contém uma série de itens, que abrangem as informações relevantes para a análise do comportamento; e uma das habilidades requeridas do observador é a de preencher corretamente esses itens. O observador deve preencher um protocolo por sessão, ou melhor, por período de tempo.

Os itens de um protocolo estão relacionados basicamente a três conjuntos de informações, a saber:

a) identificação geral,

b) identificação das condições em que a observação ocorre,

c) registro de comportamentos e circunstâncias ambientais.

A identificação geral consiste na referência ao observador e ao objetivo para o qual a observação está sendo realizada. A identificação das condições em que a observação ocorre inclui especificações com relação a "quando" e "onde" a observação foi realizada, assim como "quem" foi observado; e o registro de comportamentos e circunstâncias ambientais fornece informações sobre "como" a observação foi realizada, isto é, as técnicas de amostragem e registro de dados, e informação sobre "o que" foi observado, ou melhor, o registro propriamente dito.

Apresentamos, a seguir, um modelo de protocolo.

Protocolo de observação

1. Nome do observador:
_____

2. Objetivo da observação:
_____

3. Data da observação:_____

4. Horário da observação – Início: _____ Término: _____

5. Diagrama da situação:

6. Relato do ambiente físico:
_____
_____
_____
_____
_____
_____
_____

7. Descrição do sujeito observado:
_____
_____

8. Relato do ambiente social:
_____
_____
_____
_____

9. Técnica de amostragem e registro:
_____
_____
_____

10. Registro propriamente dito:
_____
_____

No protocolo acima, os itens 1 e 2 referem-se à identificação geral, os itens 3 a 8, à identificação das condições em que a observação ocorre, e os itens 9 e 10, ao registro de comportamentos e circunstâncias ambientais. Vejamos, então, os dados essenciais que deverão constar em cada item.

Os itens de identificação geral não serão focalizados, uma vez que o item 1, nome do observador, não necessita de explicações para seu preenchimento e que o item 2, o objetivo da observação, depende do trabalho a ser realizado. Os itens referentes à identificação das condições em que a observação ocorre, por outro lado, merecem uma especificação detalhada. Já o preenchimento do terceiro conjunto de itens, registro dos comportamentos e circunstâncias ambientais, depende do conhecimento das técnicas de amostragem e registro de dados.

> Um protocolo de observação contém basicamente três conjuntos de informações:
> 1) identificação geral;
> 2) identificação das condições em que a observação ocorre; e
> 3) registro dos comportamentos e circunstâncias ambientais.

A identificação das condições em que a observação ocorre fornece ao observador elementos indispensáveis à análise e interpretação dos comportamentos. Sabemos que o número e tipo de respostas que um organismo apresenta estão relacionados tanto às características individuais do organismo (sua espécie, etapa de maturação biológica, história de vida), como ao ambiente em que ele se encontra. Isto significa que determinados comportamentos têm maior probabilidade de ocorrer em uma situação do que em outra. Por exemplo, é mais provável que eu sorria e dance numa festa do que num velório. É mais provável que uma criança dê cambalhotas na sala de estar de sua casa, onde existe um tapete macio, quando as pessoas presentes riem e conversem, do que num pátio de cimento ou numa casa desconhecida, ou quando as pessoas presentes falem baixo ou chorem. Neste caso, a sala o tapete e o comportamento das pessoas presentes indicam ocasiões para dar uma cambalhota.

Uma das condições a ser identificada é quando a observação ocorre, isto é, a data (item 3 do protocolo) e o horário (item 4 do protocolo) em que a observação foi realizada. Estas informações são importantes porque alguns comportamentos estão relacionados a datas e horários, isto é, a probabilidade de ocorrência destes comportamentos é maior em determinadas horas do dia, em determinados dias da semana ou do mês.

Outra condição a ser identificada é quem foi observado, ou melhor, o sujeito da observação (item 7 do protocolo). No caso de seres humanos, neste item deve-se fornecer informações com relação a: numero de sujeitos, sexo, idade, nível sócio econômico e grau de escolaridade de cada um. Se a pessoa é portadora de alguma deficiência ou usa aparelhos corretivos, estas particularidades devem ser mencionadas. No caso de animais, deve-se informar: o número de animais, a espécie, o sexo, a idade e a experiência anterior do organismo com relação à situação.

Exemplos de descrição do sujeito observado:

T, sexo feminino, 7 anos e 6 meses de idade, classe média-baixa, frequenta a 1° série da "Escola Sorriso". *T* usa óculos e aparelho nos dentes.

Duas meninas (A e B) e dois meninos (C e D), de 3 anos, classe média, alunos da classe maternal da escola "Viver".

Rato albino Wistar, macho, com aproximadamente quatro meses de idade, anteriormente familiarizado com a situação.

O terceiro aspecto a ser identificado diz respeito ao ambiente onde a observação é realizada. A descrição do "onde" implica na descrição do ambiente físico e social, feita mediante dois recursos: o relato e o diagrama.

No relato do ambiente físico (item 6 do protocolo) o observador descreverá o local em que o sujeito se encontra. O relato inicia com a identificação do local (por exemplo, pátio de uma escola, escritório de uma firma etc.,), e segue com algumas especificações e suas características.

As características relevantes, isto é, características a serem descritas são:

- o formato do local ou, quando possível, suas dimensões;
- o número, tipo e disposição de portas, janelas, móveis e demais objetos presentes;
- as condições de iluminação existente (por exemplo, luz natural, duas lâmpadas centrais acesas etc.); e
- as condições relacionadas ao funcionamento dos objetos (por exemplo, televisão ligada, ruído de motor etc.).

Caso haja alguma característica pouco comum à situação, esta característica deve ser mencionada (por exemplo, a existência de uma parede esburacada, um móvel quebrado etc.).

Exemplo de relato do ambiente físico:

Sala de estar da residência do sujeito. A sala mede aproximadamente 2,00 m por 3,00 m. A janela está localizada na parede frontal da sala, (lado a), a 0,90 m do chão. A janela mede aproximadamente 1,50 m de comprimento por 1,10 de altura. A sala possui duas portas laterais, uma das portas (localizada no lado b) dá acesso a uma varanda e a outra (localizada no extremo oposto, lado c), dá acesso à sala de jantar. A sala contém os seguintes móveis e objetos: um sofá, duas poltronas, um aparelho de televisão, uma estante, uma mesa de centro, duas mesas laterais, um porta-revistas e dois vasos com plantas. A estante abriga um conjunto de som. A sala é acarpetada. No momento da observação, a iluminação é natural e a televisão está ligada.

No relato do ambiente social (item 8 do protocolo) deve-se focalizar a situação observada, isto é, identificar as demais pessoas presentes no local e descrever a atividade geral que aí está ocorrendo.

Ao identificar as outras pessoas que se encontram no ambiente, o observador fornece informações com relação ao número de pessoas, a função que desempenham, ao sexo e idade das mesmas. (Por questão de sigilo, as pessoas serão identificadas por letras maiúsculas.) Quando existem características comuns às pessoas presentes, é importante especificar estas características. As características comuns que nos referimos são: o nível sócio-econômico, o grau de escolaridade, particularidades físicas etc. Por exemplo: crianças faveladas que frequentam a Escola-Parque da Prefeitura; jovens de ambos os sexo, entre 15 a 17 anos, pertencentes ao grupo de jovens da paróquia Santo Antônio etc.

Descrever a atividade geral significa identificar a atividade que está sendo desenvolvida no local, por exemplo: aula de matemática, aula de ginástica etc., identificar a localização das pessoas e o que estão fazendo. A descrição da atividade geral é uma descrição estática, é uma "fotografia" do ambiente social.

Exemplo de descrição do ambiente social:

Estão presentes na sala, além do sujeito (S), quatro pessoas. A mãe (M), com aproximadamente 35 anos, a tia (T), de aproximadamente 20 anos, a irmã do sujeito (I), de 4 anos de idade, e a observadora (Obs). A mãe e a tia estão sentadas no sofá, assistindo televisão e conversando. A observadora está sentada em uma das poltronas e a irmã de S, na outra poltrona. A irmã está folheando uma revista.

> As condições a serem identificadas são: data e horário da observação, sujeito observado, ambiente físico e ambiente social.

Identificamos, até aqui, as informações gerais que o observador deve fornecer ao fazer a descrição do sujeito e os relatos do ambiente físico e social. Em determinadas ocasiões, entretanto, se faz necessário que além destas informações, o observador forneça informações mais específicas acerca dessas condições.

O tipo de informação a ser fornecida dependerá do objetivo do estudo observacional. O objetivo determinará quais serão as características, não citadas anteriormente, que deverão ser descritas, ou o grau de detalhes com que uma dada característica deverá ser focalizada.

Vejamos alguns exemplos:

a) Se o objetivo do estudo for "verificar se o professor utiliza corretamente o material didático", será necessário fornecer, no relato do ambiente físico, mais detalhes com relação ao material didático existente: espécie, quantidade, material de que é feito, formato, tamanho, cor, funcionamento, estado de conservação, onde está localizado etc.

b) Se o objetivo do estudo for "verificar se o professor atende às características individuais dos alunos" será necessário fornecer, no relato do ambiente social, informações detalhadas de cada aluno: nível sócio-econômico, particularidades físicas (deficiência física ou uso de aparelhos corretivos) e de comportamento (tais como, ser rápido, ser lento, cometer erros de linguagem, trocar letras etc.).

c) Se o objetivo do estudo for "verificar como uma criança, que apresenta dificuldades de aprendizagem, interage com os colegas", será necessário caracterizar, na descrição do sujeito, a dificuldade da criança (se ela troca letras, se é dispersiva etc.).

d) Se o observador, através da observação de crianças brincando com suas mães, quiser "determinar o grau de coordenação motora que as crianças apresentam", ele incluirá no relato do ambiente físico informações acerca do tipo de brinquedos disponíveis, formato dos brinquedos, tamanho dos brinquedos e materiais de que são feitos os brinquedos.

e) Mas, se o observador, através da observação de crianças brincando com suas mães, quiser "analisar a influência da mãe no comportamento da criança", ele incluirá na descrição do sujeito, informações sobre a família (número de pessoas que vivem na casa, idade e relação de parentesco com o sujeito) e no relato do ambiente social, informações acerca do grau de escolaridade da mãe e sua profissão.

Por estes exemplos, vemos que as informações específicas estão baseadas em hipóteses, lançadas pelo observador, acerca das variáveis que poderiam afetar o comportamento em estudo. Estas informações mais específicas poderão ser obtidas por observação direta, por entrevista ou por análise de documentos (relatórios, fichas de matrícula, plantas etc.).

> O objetivo do estudo observacional determina o grau de detalhes com que o relato do ambiente físico, do ambiente social e do sujeito será realizado.

Falamos, anteriormente, que a descrição do ambiente físico e social é feita através de dois recursos, o relato e o diagrama. Enquanto no relato o observador faz a descrição verbal do ambiente, no diagrama o observador representa o ambiente através de um desenho esquemático e de legendas informativas.

O diagrama da situação (item 5 do protocolo) é uma planta do local. Ele representa simbolicamente a área observada e os elementos que estão dentro dela: portas, janelas, móveis e pessoas. A utilidade do diagrama é a de facilitar a visualização, por terceiros, do ambiente observado, além de fornecer ao observador pontos de referencia para o registro dos comportamentos. Por exemplo, vendo o diagrama o leitor tem condições de visualizar em que direção o sujeito se locomove.

Ao fazer o diagrama, o observador deve:

- representar a área observada utilizando uma escala;
- utilizar símbolos de fácil compreensão;
- reproduzir as portas, janelas e móveis na mesma escala utilizada para representar a área total. O tamanho do símbolo deve corresponder ao tamanho, no comprimento e na largura, daquilo que está sendo representado;
- localizar corretamente na área, as portas, janelas e móveis;
- manter a proporção relativa das distâncias existentes entre portas, janelas e móveis;
- apresentar a legenda dos símbolos, números e letras utilizados.

É costume indicar no diagrama a localização inicial do sujeito. No diagrama, o observador poderá indicar também, quando as pessoas presentes permanecem a maior parte do tempo num local, a localização dessas pessoas na área.

A seguir é apresentado, como exemplo, o diagrama da sala descrita no relato:

escala
1:50

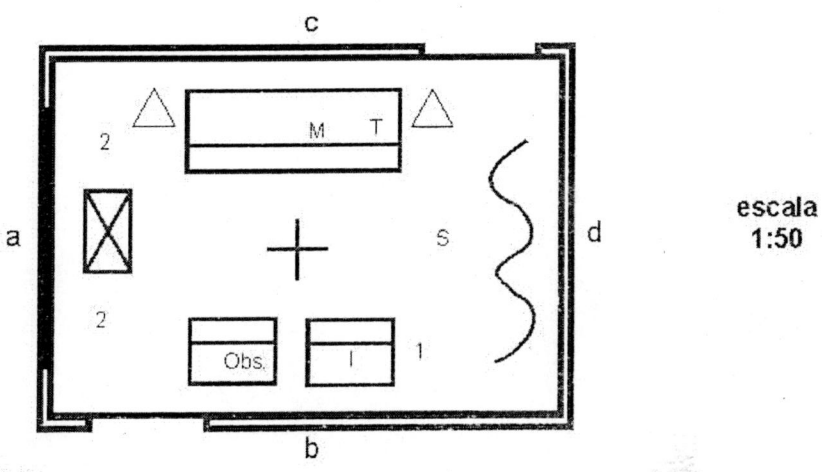

LEGENDA

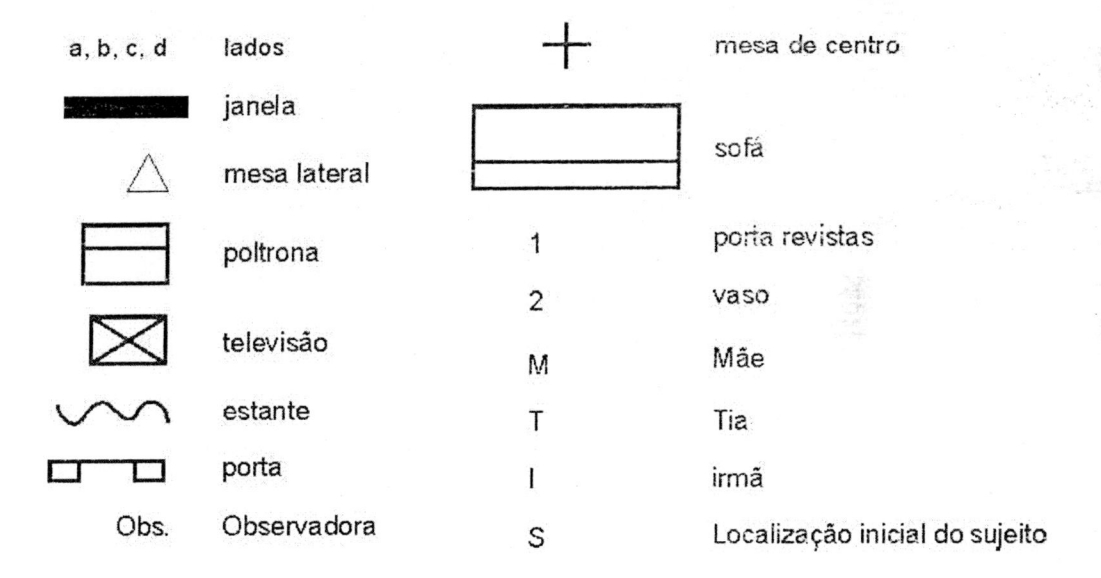

a, b, c, d	lados	+	mesa de centro
▬	janela	▭	sofá
△	mesa lateral		
▭	poltrona	1	porta revistas
⊠	televisão	2	vaso
		M	Mãe
∿	estante	T	Tia
▭	porta	I	irmã
Obs.	Observadora	S	Localização inicial do sujeito

Para facilitar a elaboração do diagrama, adotamos as seguintes convenções:

- as paredes são representadas por duas linhas paralelas;
- para delimitar uma área, dentro de um espaço amplo, são utilizadas linhas pontilhadas;
- as janelas, portas e móveis são representados por símbolos. É conveniente que você utilize símbolos que lembrem o formato daquilo que está sendo representado. Procure também utilizar símbolos semelhantes ao representar coisas semelhantes;
- lados da área são identificados por letras minúsculas; e
- os objetos, por números(exemplo: 1-representa um porta-revistas); e as pessoas por letras maiúsculas; a letra *S* é reservada para indicar o sujeito e as letras *Obs* para indicar o observador.

> Para descrever o ambiente físico e social, o observador utiliza dois recursos: o relato e o diagrama.

O diagrama deve estar numa escala. Apresentamos abaixo as escalas mais frequentemente utilizadas, assim como a informação do que elas representam.

Escalas	Papel = Real	Real = Papel
1:20	1cm = 20cm	1 m = 5 cm
1:25	1cm = 25cm	1 m = 4 cm
1:50	1cm = 50cm	1 m = 2 cm
1:100	1cm = 100cm	1 m = 1 cm
1:200	1cm = 200cm	1 m = 1/2cm
1:400	1cm = 400cm	1 m = 1/4cm
1:500	1cm = 500cm	1 m = 1/5cm

A primeira coluna mostra a escala utilizada; a segunda e terceira colunas indicam a correspondência entre a medida real e à medida em que o desenho será feito no papel. Assim ao utilizar a escala 1:50, cada centímetro no papel equivale a 50 cm da medida real, ou dito de outra forma, cada metro equivale a 2 cm no papel.

As medidas a serem colocadas no papel são obtidas com uma simples regra de três. Por exemplo, a sala descrita anteriormente meda 2,00 m X 3,00m, ao utilizar a escala 1:50 teremos:

$$1 \text{ cm} - 50 \text{ cm} \qquad\qquad 1 \text{ cm} - 50 \text{cm}$$
$$X - 200 \text{cm} \qquad\qquad X - 300 \text{cm}$$

$$X = 200/50 = 4 \text{ cm} \qquad\qquad X = 300/50 = 6 \text{ cm}$$

(Verifique que, antes de aplicar a regra de três, é necessário converter as medidas reais em centímetros.)

ou, com base na relação apresentada na terceira coluna,
se 1m = 2 cm   se 1 m = 2cm
   2 m será = a 4 cm (2x2)   3 m será = a 6cm (3x2)

Questões de estudo

1) Quais são as informações que um protocolo de observação deve conter?
2) Por que é necessário identificar as condições em que a observação ocorre?
3) Com relação ao sujeito, quais são as informações a serem fornecidas?
4) Com relação ao ambiente físico, quais são as informações a serem fornecidas?
5) Com relação ao ambiente social, quais são as informações a serem fornecidas?
6) Quando o observador deve fornecer informações mais específicas acerca do sujeito, do ambiente físico e do ambiente social?
7) Quais são os recursos utilizados pelo observador para descrever a situação ambiental? Explique cada um.
8) Explique quais são os cuidados que o observador deve tomar ao fazer o diagrama.
9) Explique as convenções adotadas com relação ao diagrama.
10) O que significa a escala 1:20?

Instruções para atividade prática

Preenchimento parcial de um protocolo de observação (itens 1 ao 6).

Instruções gerais:
- O objetivo da observação é o treinamento na descrição do ambiente físico.
- O local da observação será um dos recintos de sua residência.
- Procure seguir as instruções dadas, nesta Unidade, quanto ao preenchimento dos itens 1 ao 6.

UNIDADE 6

TÉCNICAS DE AMOSTRAGEM E REGISTRO

Altmann (1974), num artigo que se tornou clássico, focaliza os métodos de amostragem no estudo observacional do comportamento. Entre os pontos analisados por ele, destacamos: o enfoque do registro, o planejamento das sessões de amostragem, o número de indivíduos por sessão e as técnicas de registro.

O *enfoque do registro* refere-se a como o observador focaliza o comportamento. O comportamento pode ser observado como um *evento* ou como um *estado*. Eventos são instantâneos, enquanto estados tem duração mais longa. Por exemplo: o registro do *evento locomoção* ocorre quando o sujeito começa a andar ou em algum instante previamente definido; enquanto o registro do *estado locomoção* ocorre durante todo o período em que o sujeito se locomove.

Ao *planejar as sessões de amostragem* o observador deve especificar os critérios para o início e término da sessão. O *início da sessão* poderá: a) ocorrer num tempo certo (uma vez em uma hora, toda a hora, todas as horas de recreio); b) ter um número fixo de amostras por hora, começando no tempo escolhido randomicamente em cada hora; c) ocorrer após um tempo fixo do término da amostra anterior ou d) ocorrer quando um particular comportamento for apresentado. O *término da sessão* poderá ser delimitado: a) por um período fixo de tempo; b) por um número fixo de comportamentos, após uma classe particular de interação ter terminado ou c) até o sujeito não ser mais visto.

Com relação ao *número de indivíduos focalizados na sessão,* Carvalho (1992) destaca os registros: focais, de varredura ou de episódios. No *registro focal* um indivíduo particular é focalizado durante um período inteiro da amostra. A escolha do indivíduo focal deverá ser feita por sorteio ou através de algum critério comportamental, por exemplo a primeira criança que subir no escorregador, a primeira criança que interagir com outra criança etc. No *registro de varredura,* todos os indivíduos presentes na área são focalizados, em sequência casual, durante o tempo mínimo necessário para que se possa identificá-los, descrever sua posição e orientação no ambiente e a atividade que desenvolvem. A ordem da observação pode se basear na localização dos indivíduos ou num sorteio anterior. No *registro de episódios* é feito o registro, por tempo variável, de um episódio (por ex. brincadeira, agressão etc.). Castro e Almeida (1981), através de registro de episódios, levantaram dados acerca da incidência de comportamento agressivo em escolares. Quando um episódio de agressão ocorria, o observador registrava cursivamente o sexo dos envolvidos, sexo do iniciador, motivo do incidente, comportamentos emitidos, intervenção de adultos, desfecho do incidente e atividades seguintes dos protagonistas.

> Entre as decisões a serem tomadas quanto a amostragem estão: o enfoque do registro; o planejamento das sessões: início e termino; o número de indivíduos por sessão; e as técnicas de registro.

As técnicas de registro

A observação e registro dos comportamentos pode ser feita de forma direta ou indireta. Na *observação direta*, o observador focaliza o comportamento do sujeito, ou melhor as ações apresentadas pelo sujeito num determinado espaço de tempo. Na *observação indireta*, o observador focaliza o produto do comportamento do sujeito: tais como escritos, desenhos, pinturas, quilômetros percorridos, troféus e outras produções intelectuais, artísticas ou esportivas.

As técnicas de observação direta serão classificadas, aqui, de acordo com a forma de registro e quanto ao período em que o mesmo é efetuado.

Analisando a forma do registro teremos os registros cursivo e categorizado:

Registro cursivo é aquele em que o observador registra os eventos, tais como eles se apresentam, cuidando apenas do uso da linguagem científica. Por exemplo, ao observar as brincadeiras de uma menina de dois anos, o observador anotaria: *B* levanta-se do chão, corre na direção da boneca que está sobre a mesa etc.

Já no *registro categorizado*, o observador trabalha com categorias pré-definidas. As categorias são definidas com base em trabalho anterior do próprio pesquisador, no conhecimento que tem a respeito do assunto, na literatura e trabalhos de outros pesquisadores. Por exemplo, o observador poderia classificar as brincadeiras de um menino de 8 meses no berço em: brincadeiras com objeto, brincadeiras com as mãos sem objeto, brincadeiras com os pés sem objeto e brincadeiras com o corpo todo sem objeto, e anotar quando as mesmas ocorrem.

Com relação ao período em que o registro é efetuado, ele pode ser contínuo ou em amostras de tempo.

Registro contínuo consiste em, dentro de um período ininterrupto de tempo de observação, registrar o que ocorre na situação, obedecendo à sequência temporal em que os fatos se dão. O registro contínuo é uma espécie de "filmagem" do que acontece. Ao registrar, o observador conta o que presencia, na sequência em que os fatos ocorrem. Por exemplo, ao registrar o comportamento de uma menina de 9 meses no carrinho, o observador anotaria *S* pega o chocalho, balança-o de um lado para outro, atira o chocalho no chão etc.

O *registro por amostra de tempo* é feito, como o próprio nome diz, em determinados períodos de tempo ou, melhor, de tempo em tempo. Por exemplo, de 20 em 20 segundos o observador olha para o sujeito e registra o que ele está fazendo.

> As técnicas de observação direta podem ser classificadas:
> a) quanto à forma do registro em – cursivo e categorizado;
> b) quanto ao período em que o mesmo é efetuado em – contínuo e amostras de tempo.

Combinando os dois critérios, forma e período em que o registro é efetuado, teremos: a) registro contínuo cursivo, b) registro contínuo categorizado, c) registro cursivo em amostras de tempo e d) registro categorizado em amostras de tempo.

Registro contínuo cursivo

A técnica de registro contínuo cursivo consiste em, dentro de um período ininterrupto de tempo de observação, registrar, utilizando de linguagem científica e obedecendo à sequência temporal em que ocorrem, os eventos tais como eles se apresentam.

Os exemplos dados, anteriormente, de registro cursivo e de registro contínuo são, na realidade, de registro contínuo cursivo. Maiores detalhes sobre esse tipo de registro serão dados na Unidade destinada exclusivamente a ele.

Registro contínuo categorizado

No registro contínuo categorizado o observador registra categorias, anteriormente definidas, na sequência em que elas ocorrem. Por exemplo, após definir previamente as categorias e símbolos que serão utilizados tais como: limpeza (li), locomoção (lo), farejamento (fa) e imobilidade (i); ao registrar os comportamentos do rato, numa caixa de condicionamento, o observador anotaria: li, fa, lo, fa, i, fa, lo etc.

Registro de evento

O registro de evento é a forma de registro contínuo categorizado mais conhecido. Após definir os comportamentos a serem observados, o observador procede à contagem do número de vezes que o comportamento ocorre num determinado período de tempo. É o registro da frequência do comportamento. Por exemplo, o observador poderia registrar, durante 30 minutos, o número de vezes que uma menina levanta da carteira; ou registrar, de 2 e 2 minutos, as categorias de comportamento do rato: limpeza, farejamento, locomoção e imobilidade.

Períodos	0 _____ 2	2I _____ 4	4I _____ 6	Total
Limpeza	///	//	//	7
Farejamento	////	///	/	8
Locomoção	/	///		4
Imobilidade			/	1

Registro de Duração

O registro de duração é também um registro contínuo categorizado. Neste caso, o observador registra o tempo que o comportamento, anteriormente definido, foi apresentado na sessão. Para o registro de duração o observador utiliza de um cronômetro ou de um relógio com marcação de segundos. Neste caso o observador anota os segundos em que o comportamento inicia e os segundos em que ele termina. Por exemplo, ao registrar a duração da fala de uma adolescente o observador anotaria:

a) utilizando o cronômetro: 10"- 5"- 12"- 8"- 9" = 44 seg; ou

b) utilizando um relógio com marcação de segundos: 10-20, 26-31, 42-54, 56-04, 25-34 = 44 seg.

Registro Cursivo em Amostras de Tempo

No registro cursivo em amostras de tempo, a sessão de observação é dividida em intervalos de tempo. No início, ou no final de cada intervalo (segundo o que ficar convencionado), o observador olha para o sujeito e registra o que ele esta fazendo. Leite (1977) registrou cursivamente em amostras de tempo os comportamentos de alunos e professores em sala de aula. De 10 em 10 segundos o observador olhava em direção ao sujeito, observava-o por um ou dois segundos e no restante do período registrava o que vira. O observador registrava: como o sujeito se encontrava no momento da observação (por ex., em pé, sentado na carteira); onde o sujeito se encontrava nesse momento (por ex., entre as carteiras c3 e c4); o que o sujeito estava fazendo no momento da observação (por ex., conversa) e com quem, isto é a pessoa ou estímulo ambiental a quem o sujeito dirigia sua ação (por ex., conversa com *A* ou aponta o lápis).

REGISTRO CATEGORIZADO EM AMOSTRAS DE TEMPO

Listas para assinalar

Como exemplo de registro categorizado em amostras de tempo temos as listas para assinalar. Nesse tipo de registro, os comportamentos são anteriormente definidos e a sessão de observação dividida em intervalos de tempo. No tempo pré-definido (início ou fim de um intervalo) o observador olha para o sujeito e identifica os comportamentos que estão ocorrendo. Por exemplo, ao registrar as categorias, fala (F), contato físico (CF), contato visual (CV) e manipulação de objetos (MO), no final de cada intervalo de 10 segundos, teremos:

Categorias	10	20	30	40	50	60
F	√					√
CF	√	√			√	
CV	√	√		√	√	
MO			√			√

Registro de intervalo

O registro de intervalo é uma variação do registro categorizado em amostras de tempo. Nele o comportamento é previamente definido, a sessão de observação dividida em períodos de tempo iguais e o observador registra a ocorrência do comportamento em cada um destes períodos. Embora o sujeito seja focalizado ininterruptamente, o registro é de uma única ocorrência do comportamento em cada intervalo. Por exemplo, ao registrar as ocorrências das categorias fala(F), contato visual(CV) e contato físico (CF), em intervalos de 10 segundos teríamos:

1º min.	0/10	10/20	20/30	30/40	40/50	50/60
F	X	X			X	X
CV	X		X		X	X
CF			X		X	
2º min.	0/10	10/20	20/30	30/40	40/50	50/60
F	X	X			X	X
CV	X		X		X	X
CF			X		X	

Para haver uma correspondência entre ocorrência e frequência do comportamento, é necessário ajustar o tamanho do intervalo. O tamanho do intervalo é estabelecido tomando por base a duração do comportamento. Comportamentos de longa duração pedem intervalos maiores, enquanto os de curta duração, intervalos menores.

Verificação de atividade planejada

Um outro tipo de registro categorizado em amostras de tempo, descrito por Hall (1975), é a verificação de atividade planejada. É uma técnica utilizada para trabalhos em grupo. O observador define o comportamento que deseja registrar e divide o período total da sessão em intervalos de tempo. No tempo pré-determinado, início ou fim do intervalo, o observador conta rapidamente quantos indivíduos estão apresentando o comportamento definido, e registra esse total; a seguir, conta rapidamente o número de indivíduos presentes na área. O número de indivíduos que apresentam o comportamento é dividido pelo número de indivíduos presentes na área e o resultado multiplicado por 100, achando-se assim a porcentagem daqueles que estão desempenhando o comportamento naquele momento particular. Por exemplo, o professor passou a atividade pintura livre e quer saber o envolvimento das crianças na mesma. O tempo total previsto para a atividade é de 15 minutos. No término de cada minuto o observador olha para suas crianças e anota quantas estão pintando e quantas estão na sala, obtendo assim o seguinte registro: 18/18-15/18-15/17-14/17-13/18 .... etc. Dividindo o n.º de crianças que estão pintando pelo n.º de crianças na sala e multiplicando o resultado por 100 teríamos a porcentagem de: 100%; 83,33%; 88,23%; 82,35%; 72,22% ...etc.

Registros de memória

Nas técnicas descritas até aqui, a observação e o registro de comportamento ocorrem simultaneamente. Quando, entretanto, em determinadas situações, não há condições de observar e registrar, o observador recorre a registros de memória.

Nos *registros de memória* o registro é feito a posteriori, isto é após um período de observação. Entre os registros de memória estão: a) o diário e b) o relato anedótico.

No *diário* o observador registra o que o sujeito faz, ou melhor, o que sucede em cada dia ou sessão. Por exemplo, após uma sessão de terapia, o psicólogo poderia registrar o seguinte conteúdo da fala de seu cliente: problemas com o chefe no trabalho, problemas semelhantes com autoridades no passado, análise de seu comportamento nessas ocasiões, proposta de mudança.

O *relato anedótico* é a descrição sucinta de determinados episódios. Por exemplo, suponhamos que o observador esteja interessado em estudar as brigas entre irmãos. Ele poderia solicitar que mães fizessem, no final do dia, uma descrição sucinta de cada episódio de briga ocorrido em sua casa. A mãe deveria anotar: quem brigou, motivo da briga e no que consistiu a briga.

Questões de estudo

1) Explique a diferença entre evento e estado. Dê exemplos.
2) Quais são os critérios que o observador pode estabelecer para o início e termino da sessão?
3) Explique a diferença entre registros focais, de varredura e de episódios.
4) Estabeleça a diferença entre observação direta e indireta.
5) O que vem a ser registro cursivo?
6) Qual a diferença entre registro contínuo e registro em amostras de tempo?
7) Explique as formas de registro contínuo categorizado.
8) Qual a diferença entre registro de evento e registro de intervalo?
9) Estabeleça a diferença ente registro de intervalo e listas para assinalar.
10) O que são registros de memória. Quando são utilizados?

Instruções para a atividade prática

Você irá vivenciar quatro formas de registro, a saber: registro de evento, registro de duração, registro de intervalo e listas para assinalar.

Os comportamentos a serem observados são:

- Andar: estando o sujeito em pé, consiste no movimento alternado dos membros inferiores de modo a produzir o deslocamento do sujeito no espaço. O comportamento inicia com o movimento de um dos membros inferiores e termina quando o movimento for interrompido por um período superior a 10 segundos.

- Falar: consiste na emissão de sons articulados. O comportamento inicia com a emissão de um som articulado e termina quando cessar a emissão de sons por um período superior a 10 segundos.

Instruções gerais

- O sujeito da observação poderá ser o professor ou um dos alunos. O sujeito da observação deverá apresentar, repetidas vezes, os seguintes comportamentos: andar pela sala, falar, sentar nas cadeiras, levantar da cadeira, pegar objetos, escrever na lousa etc.
- No registro de intervalos e nas listas para assinalar, uma pessoa deverá indicar os intervalos de tempo aos alunos.
- Os registros terão a duração de 2 minutos.

A - Registro de Evento

Andar	
Falar	

B - Registro de Duração

Andar =

C - Registro de Intervalo

1º min.	0/10	10/20	20/30	30/40	40/50	50/60
Andar						
Falar						
2º min.	0/10	10/20	20/30	30/40	40/50	50/60
Andar						
Falar						

D - Listas para assinalar

1º min.	10	20	30	40	50	60
Andar						
Falar						
2º min.	10	20	30	40	50	60
Andar						
Falar						

Unidade 7

A TÉCNICA DE REGISTRO CONTÍNUO CURSIVO

Dentre as várias técnicas utilizadas pelo observador para o registro dos comportamentos e circunstâncias ambientais, destaca-se a técnica de registro contínuo cursivo.

Na técnica de registro contínuo cursivo dois critérios estão em vigor, o período em que a observação é efetuada (contínuo) e a forma de registro (cursivo). A definição desse registro junta, portanto, as características de registro contínuo com as características de registro cursivo.

O registro contínuo cursivo consiste em, dentro de um período ininterrupto de tempo de observação, registrar, utilizando de linguagem científica e obedecendo à sequência temporal em que ocorrem, os eventos tais como eles se apresentam.

O registro contínuo cursivo é, em geral, utilizado durante a fase inicial de um trabalho ou de uma pesquisa, quando o observador faz o levantamento do repertório comportamental do sujeito e das circunstâncias ambientais. A partir da análise dos dados coletados e de acordo com o objetivo do estudo observacional, o observador seleciona os comportamentos ou classes de comportamento a serem observadas, numa segunda etapa de trabalho.

No exemplo abaixo, temos um trecho do registro do comportamento de uma criança em situação de refeição. O registro foi realizado em uma creche, no refeitório, no horário previsto para a alimentação das crianças, conforme rotina da instituição. Na observação usou-se registro contínuo cursivo com o fim de levantar dados para o treinamento das atendentes.

> "*S* se encontra no canto *cd* (canto formado pelas paredes *c* e *d*) da sala de refeição, de pé, defronte a mesa 6, a aproximadamente 20 cm desta mesa. Atendente entra na sala com toalha na mão. S olha em direção à atendente. Atendente coloca a toalha sobre a mesa 6. *S* vira-se de costas, anda em direção à mesa 2. Retira a toalha da mesa 2. Enrola a toalha. Toalha enrolada na forma aproximada de uma bola. *S* joga a toalha na direção de um menino. O menino pega a toalha. *S* sorri."

> Registro contínuo cursivo consiste em, dentro de um período ininterrupto de tempo de observação, registrar, utilizando de linguagem científica e obedecendo à sequência temporal em que ocorrem, os eventos tais como eles se apresentam.

Os fatos registrados pelo observador referem-se a:

1. Localização do sujeito

O observador descreve a *localização do sujeito no ambiente*, indica onde o sujeito se encontra. No exemplo apresentado: "*S* se encontra no canto cd (canto formado pelas paredes c e d) da sala de refeição".

2. Posição e postura do sujeito

O observador descreve como o sujeito se encontra, faz referência à *posição e postura* do sujeito. Por exemplo: em pé (ereto ou curvo); ajoelhado; agachado; deitado (encolhido ou distendido) etc.

Cabe aqui fazer a distinção entre postura e posição. Cunha (1975) define postura como "disposições espaciais estacionárias de partes do organismo umas em relação a outras". A *postura* tem como referencial o próprio corpo, por exemplo: postura curva, ereta, encolhida, distendida etc.; enquanto que a *posição* descreve uma relação com o ambiente, por exemplo: em pé, deitado etc. O referencial utilizado, o próprio corpo ou ambiente é, portanto, o critério que diferencia estes termos.

3. Eventos comportamentais

O observador descreve os *eventos comportamentais* que ocorrem, isto é, as ações do sujeito. As ações a serem registradas são:

3.1. *O comportamento motor* – Comportamentos que resultam no estabelecimento de contato físico do organismo com ele mesmo ou com o ambiente; comportamentos que mudam o contato físico existente; e comportamentos que alteram a relação espacial que o organismo mantém com ele mesmo ou com o ambiente.

São considerados como comportamentos motores:

3.1.1. *Estabelecimento e alteração de contato físico.* O contato pode ser do organismo consigo mesmo ou com o ambiente – Comportamentos tais como: passar a mão no cabelo, colocar o dedo no nariz, tirar o dedo da boca, apanhar a bola, chutar a bola, colocar a boneca sobre a cama, escrever no caderno, beliscar o menino etc.

3.1.2. *Mudanças na postura ou na posição* – Comportamentos tais como agachar-se, levantar-se, virar a cabeça para trás, erguer o braço, deitar etc. Gestos, como, por exemplo, acenar, estão aqui incluídos.

3.1.3. *Locomoções* – Comportamentos que resultam no deslocamento do sujeito em relação a pontos fixos do espaço. Comportamentos como: andar, correr, engatinhar, subir, descer, saltar etc.

3.2. As *expressões faciais* – Consistem nas modificações que ocorrem no rosto (testa, sobrancelhas, olhos, nariz, boca, bochechas e queixo), e nas direções do olhar. Comportamentos tais como: enrugar a testa, franzir as sobrancelhas, sorrir, piscar os olhos, olhar para cima, olhar fixo numa pessoa etc.

3.3. *O comportamento vocal* – Sons articulados ou não, produzidos pelo aparelho fonador. Por exemplo: falar, cantar, assobiar, dar gargalhada, murmurar, sons onomatopaicos[6] etc.

4. Eventos ambientais

Além dos fatos diretamente relacionados ao sujeito (sua localização; postura e posição; e os eventos comportamentais), o observador registra também os eventos ambientais, isto é as mudanças que ocorrem no ambiente durante a observação.

Os eventos ambientais podem ser:

4.1. *Eventos físicos* são mudanças no ambiente físico. Por exemplo: a bola bate na trave, o telefone toca etc.

4.2. *Eventos sociais* são os comportamentos das outras pessoas presentes

---

[6] Sons onomatopaicos – aqueles que imitam o som natural da coisa significada. Por exemplo: *tzz*, barulho de bomba pulverizadora.

no ambiente. Por exemplo: "Uma menina se aproxima de *S* e coloca o dedo na palma da mão de *S*", "O menino joga a bola em direção a *S*", "O pai entra na sala e diz - você quer passear?" etc.

> Os fatos registrados através da técnica de registro contínuo cursivo são:
> 1) a localização do sujeito;
> 2) sua postura e posição;
> 3) os eventos comportamentais; e
> 4) os eventos ambientais.

O registro contínuo cursivo, além de possibilitar o levantamento dos eventos na sequência temporal em que ocorrem (comportamentos do sujeito e circunstâncias ambientais), possibilita referência a uma vasta gama de comportamentos e eventos ambientais, sem a imposição da definição prévia daquelas ocorrências.

O difícil, entretanto, ao se utilizar esta técnica é estabelecer o grau de detalhamento que deve ser dado no registro. É impossível para o ser humano observar e registrar tudo com o máximo de detalhes, por isso, em função do objetivo de estudo observacional, selecionamos determinados eventos, em detrimento de outros. Por exemplo, se o objetivo do estudo for "verificar o problema de articulação apresentado por uma criança", o observador focalizará o comportamento vocal, as posturas e movimentos bucais; enquanto que se o objetivo do estudo for "identificar problemas de manipulação motora fina", o observador focalizará as posturas, posições e movimentos da mão.

> O objetivo de estudo determina a variedade e tipo de comportamento a ser registrado.

A seleção dos comportamentos a serem observados possibilita o refinamento dos registros, isto é, o detalhamento dos comportamentos. Quando o observador registra poucos eventos, ele pode fornecer um número maior de informações acerca destes eventos. Por exemplo, pode identificar se o sujeito "pega a bola com a mão direita ou com a esquerda".

A riqueza de detalhes que o observador fornece em um registro contínuo cursivo depende:

a) Da *variedade de tipos de comportamento* que ele observa e registra simultaneamente. Se ele observar apenas os comportamentos motores ele poderá fornecer descrições mais detalhadas do que se ele observar: comportamentos motores, expressões faciais e comportamentos vocais;

b) Da *velocidade com que os eventos ocorrem*. Um observador consegue dar uma descrição mais detalhada quando os eventos ocorrem com maior morosidade, do que quando ocorrem com rapidez. Por exemplo, compare as seguintes situações: um adulto lendo um jornal e uma criança pulando amarelinha. A morosidade dos comportamentos exibidos na primeira situação propicia mais informações acerca das posturas do adulto, suas expressões faciais etc, informações quase que impossíveis de se registrar na segunda situação; e

c) Do *grau de treinamento do observador*. O treinamento do observador implica numa familiarização com a situação de observação, com o material a ser utilizado (prancheta, protocolo de observação, cronômetro, gravador etc.) e com a sistemática de registro.

Sistemática de Registro

A sistemática de registro envolve não só os procedimentos específicos da técnica de registro utilizada, como o conjunto de convenções adotadas pelo observador. As convenções variam em função da técnica de registro utilizada e, em alguns casos, em função do trabalho que está sendo realizado.

As convenções que estamos adotando, com relação ao registro contínuo cursivo, visam uniformizar as condições de registro, bem como garantir a compreensão dos mesmos. A seguir, especificamos as convenções adotadas:

1) *Inicie o registro informando a localização do sujeito e como ele se encontra.* Por exemplo: "S se encontra no canto cd da sala de refeição, de pé, defronte à mesa 6, a aproximadamente 20 cm desta mesa".

2) *Indique a pessoa que emite a ação.* Por exemplo: "S olha em direção à atendente". A indicação deve ser feita toda vez que mudar a pessoa que emite a ação.

3) *Ao registrar os eventos, empregue o verbo no tempo presente.* Por exemplo: "S enrola a toalha ", "S sorri ".

4) *No caso dos verbos transitivos, indique os complementos do verbo.* Por exemplo: "S vira-se de costas, retira a toalha da mesa 2".

5) *No caso da ação ter uma direção, indique no registro em que direção a ação ocorre.* Por exemplo: "S anda em direção à mesa 2", "S joga a toalha em direção a um menino".

Os referenciais a serem utilizados para indicar direção são:

a) *objetos, pessoas ou partes do ambiente*, por exemplo: "S anda até a cama", "S conversa com uma menina", "S vai até o corredor"; e

b) *partes do corpo do próprio sujeito*, por exemplo: "S põe a mão na testa".

6) *Use o grau normal ao se referir aos objetos.* Por exemplo: "S ergue o braço da boneca", ao invés de "S ergue o bracinho da bonequinha".

7) *Registre as ações que ocorrem e não as que não ocorrem.* É errado registrar a ausência de um comportamento. Por exemplo: "S cai mas não chora".

8) *Registre eventos, isto é, registre toda vez que ocorrer uma mudança de comportamento ou no ambiente.*

   a) *Eventos sucessivos devem ser registrados em linhas separadas, um abaixo do outro.* Por exemplo:

   S vira-se de costas.
   Anda em direção à mesa 2.
   Retira a toalha da mesa 2.
   Enrola a toalha.

   b) *Eventos simultâneos devem ser registrados na mesma linha.* Separe cada um dos eventos com barras diagonais. Por exemplo:

   Atendente coloca toalha sobre a mesa 6 / S vira-se de costas.

9) *Terminada a observação, numere os eventos registrados.* Por exemplo, o registro apresentado anteriormente ficaria assim:

   S no canto cd da sala, de pé, defronte à mesa 6, a aproximadamente 20 cm desta mesa.
   1) Atendente entra na sala com toalha na mão.
   2) S olha em direção à atendente.
   3) Atendente coloca toalha sobre a mesa 6 / 4) S vira-se de costas.
   5) S anda em direção à mesa 2.
   6) Retira a toalha da mesa 2.

| 7) Enrola a toalha na forma aproximada de bola. |
| 8) Joga a toalha na direção de um menino. |
| 9) Menino pega a toalha. |
| 10) S sorri. |

10) *No registro do comportamento vocal* o observador poderá:

   a) anotar a fala tal como ela se apresenta. Por exemplo: S diz - "Não quero comer chuchu, não gosto de chuchu, não vou comer"; ou

   b) anotar o conteúdo da fala. Por exemplo: S se recusa a comer chuchu.

11) O registro do comportamento vocal poderá ser *feito através de um gravador*. Neste caso, o observador anotaria, durante a observação, apenas o momento em que a fala ocorre; posteriormente, faria o acoplamento dos dois registros. Por exemplo:

   • o observador registraria: S pega a boneca / fala

     Encosta a boneca no corpo

     Balança a boneca de um lado

     para outro/ canta.

   • o gravador registraria: S fala: – "É hora de naná nenê".

     Canta: – "Nana nenê, que a cuca..."

   • posteriormente acoplando os dois registros teríamos:

   1) S pega a boneca. / 2) fala: – "E hora de naná nenê".
   3) Encosta a boneca no corpo.
   4) Balança a boneca de um lado para outro / 5) canta: -"Nana nenê, que a cuca ..."

12) O observador poderá *fornecer, no registro, indicação do tempo* em que os eventos ocorrem. Neste caso o período total de observação é dividido em intervalos iguais e o registro feito em cada um dos intervalos. Os intervalos mais adequados são: 2 minutos, 1 minuto, 30 segundos, 20 segundos e 15 segundos.

Além das convenções descritas acima, que serão adotadas e que você deve memorizar, damos a seguir duas sugestões que visam diminuir o tempo gasto com o registro.

1) Você pode *utilizar símbolos* para se referir a aspectos do ambiente físico, tais como janelas, portas e móveis; *letras minúsculas* para identificar as paredes ou lados de uma área; *números* para se referir aos objetos; e *letras maiúsculas* para identificar as pessoas que emitem as ações ou são objeto de uma ação.

   Os símbolos, números e letras devem ser especificados na legenda do diagrama, no relato do ambiente físico ou no relato do ambiente social (veja Unidade 5 – o protocolo de observação).

2) Você poderá utilizar, também, *sinais ou abreviaturas* para registrar os comportamentos observados. Por exemplo: utilizar "pg" para pega, "nd" para andar etc.

   A expressão "em direção a" poderá ser substituída por uma flecha horizontal. Por exemplo: "*S* anda em direção ao quarto" poderá ser substituído por "*S* anda→ quarto".

   Se utilizar sinais ou abreviaturas para registrar os comportamentos, ao terminar o registro, você deve apresentar uma legenda referente a eles.

Observação

O registro contínuo cursivo feito com lápis e papel, nos últimos anos, tem sido muitas vezes substituído pelo uso de gravações em vídeo. Segundo Kreppner (2001) a utilização do vídeo garante a preservação da situação tal qual observada e permite infinitas replicações durante o processo de análise. Nos artigos de Dessen (1995) e Dessen e Murta (1997) você encontrará considerações a respeito desta tecnologia.

Questões de estudo

1) O que é um registro contínuo cursivo?
2) Identifique a utilidade do registro contínuo cursivo para o psicólogo.
3) Explique a diferença entre postura e posição.
4) Explique os tipos de comportamento motor.
5) O que determina a variedade e tipo de comportamento a ser registrado?
6) O que é sistemática de registro?
7) Explique os cuidados que o observador deve tomar com relação ao tempo do verbo e seus complementos. Dê exemplos.
8) Como fazer para indicar a direção da ação?
9) Como indicar eventos sucessivos e eventos simultâneos?
10) Qual a vantagem de se utilizar símbolos ou abreviaturas?

Instruções para as atividades práticas

1 - Atividade

A atividade consiste no registro contínuo cursivo dos comportamentos apresentados por uma criança enquanto brinca. O objetivo da observação é o de *identificar os comportamentos motores* que a criança apresenta na situação. A criança deverá estar sozinha no local onde costuma brincar (apenas o observador estará presente), e seus brinquedos ao acesso da mesma. Os brinquedos poderão ser: carros de brinquedo, bonecas, utensílios de cozinha, bichos de pelúcia, quebra-cabeças etc.

Instruções gerais

- Apresente um protocolo de observação completo. Antes de iniciar o registro propriamente dito, ou após o mesmo, preencha os itens 1 a 9 do protocolo.
- O tempo de registro é de 10 minutos, dividido em períodos de 2 minutos; isto é o observador deverá fornecer indicação do tempo de 2 em 2 minutos (0', 2', 4', 6' e 8').
- Inicie o registro indicando a localização do sujeito e de como ele se encontra (postura e posição), a seguir,
- Focalize sua atenção nos comportamentos motores (estabelecimento e alteração de contato físico, mudanças de postura ou posição e locomoções). Não se preocupe em registrar expressões faciais ou comportamentos vocais que o sujeito possa apresentar.
- Obedeça à sistemática de registro estabelecida. Não se esqueça de numerar, após a observação, os eventos registrados.
- Terminada a sessão de observação você deverá:

a) Fazer uma tabela contendo o número de eventos registrados em cada período de 2 minutos;

b) Identificar os diferentes tipos de comportamentos motores apresentados e classificá-los nas categorias: estabelecimento e alteração de contato físico, mudanças de postura ou posição e locomoções. Por exemplo:

- Estabelecimento e alteração de contato físico: pega o carro de brinquedo, fricciona o carro no chão, morde a ponta do dedo etc.
- Mudanças de postura ou posição: levanta-se do chão, agacha etc.
- Locomoções: anda em direção ao caminhão, corre pela sala etc.

c) Fazer uma tabela contendo o número total de eventos registrados em cada uma das categorias. Por exemplo, se o observador registrou: 4 vezes pega o carro de brinquedo, 2 vezes fricciona o carro no chão e 1 vez morde a ponta do dedo; a categoria estabelecimento e alteração de contato físico teria 7 eventos

2 - ATIVIDADE

A atividade consiste na observação e registro dos comportamentos de uma pessoa ao telefone. O objetivo da observação é o de *identificar os comportamentos motores, as expressões faciais e os comportamentos vocais que a pessoa apresenta enquanto mantém uma conversa telefônica*. A técnica de registro utilizada é o registro contínuo cursivo dos comportamentos motores, das expressões faciais e do comportamento vocal.

Instruções gerais

- Você deverá observar duas conversas ao telefone.
- Observe, de preferência, um adolescente.
- Registre a duração total de cada conversa.
- Registre os comportamentos motores, as expressões faciais e o comportamento vocal.
- Com relação ao comportamento vocal, registre apenas a ocorrência de fala, gritos, risadas etc., e a entonação das mesmas (alta, normal, baixa). <u>Não registre o conteúdo da fala.</u>
- Além da fala, registre também os períodos de escuta, isto é indique toda vez que inicia um período de fala ou um período de escuta.
- Obedeça a sistemática de registro.
- Terminada a observação você deverá :

    a) Fazer uma tabela contendo:
    - a duração de cada conversa;
    - o número total de períodos de fala e de escuta registrados em cada conversa;
    - a porcentagem de fala e de escuta registrados em cada conversa.

    b) Identificar os comportamentos motores, as expressões faciais e comportamentos vocais que o sujeito apresentou durante cada uma das conversas.

    c) Fazer uma tabela contendo a porcentagem em que comportamentos motores e expressões faciais aparecem em cada conversa. A tabela se refere ao número total destes eventos.

Unidade 8

EVENTOS FÍSICOS E SOCIAIS

Em geral, o observador do comportamento está interessado em obter dados referentes não só a características próprias do comportamento – duração, frequência, forma etc. – mas também, e principalmente, referentes às circunstâncias nas quais o comportamento ocorre. Procedendo desse modo, o observador pode identificar relações funcionais entre os eventos.

A identificação e descrição de relações funcionais permite ao cientista analisar, predizer e alterar, se for o caso, os eventos observados. Por exemplo, pouco se pode fazer com a informação de que uma criança chora em média uma hora e meia por dia. Por outro lado, se além de informações sobre a duração do choro, o registro permitir identificar o momento em que o choro ocorre mais frequentemente, o local, há quanto tempo após a última refeição, condições físicas da criança, o que as pessoas fazem quando a criança chora, o observador poderá identificar se há problemas, a sua natureza e o que deve ser feito para modificar a situação. Independentemente de haver ou não problema, poderá descrever condições físicas, sócio-econômicas e culturais, como, por exemplo, características de um grupo de crianças que apresentam choro de maior duração, e comparar com outro grupo.

A indicação das circunstâncias sobre as quais o comportamento ocorre é uma informação importante para o entendimento do fenômeno, qualquer que seja a técnica de registro usada. Ao falarmos, na Unidade 5, sobre as condições em que a observação ocorre, estávamos nos referindo a algumas destas circunstâncias. A descrição das condições, isto é, de *quando* (data e horário da observação) e *onde* (ambiente físico e social) a observação foi realizada, e *quem* foi observado, fornece alguns dos elementos indispensáveis à análise do comportamento. Essa descrição porém é estática e não basta. Para analisar completamente o comportamento, é necessário identificar também as interações que ocorrem, num determinado período de tempo, entre o sujeito e o ambiente, isto é, mudanças no ambiente que sejam decorrentes da ação do sujeito (ou de fatores não identificados) e mudanças no ambiente que produzam mudanças no comportamento do sujeito. Esta dupla descrição é o que tentaremos fazer nesta Unidade.

Os comportamentos de uma pessoa não só alteram as condições do ambiente, mas, por sua vez, também são afetados por alterações que ocorrem neste ambiente. As mudanças que ocorrem no ambiente durante a observação são denominadas de *eventos ambientais*. Os eventos ambientais podem ser físicos ou sociais.

Eventos físicos

São mudanças no ambiente físico. Por exemplo: o ambiente se iluminar ou escurecer quando o sujeito pressiona o interruptor; o som do telefone; a porta bater pela ação do vento etc.

Os eventos físicos podem aparecer em decorrência de uma ação da pessoa observada, ou da ação de outras pessoas, ou ainda da natureza. Ao analisar os eventos físicos citados acima verificamos que: a iluminação ou escurecimento do ambiente é decorrente de uma ação da pessoa observada; o som do telefone é decorrente da ação de outras pessoas (não observadas); e que a batida, e consequente fechamento da porta, é decorrente da ação da natureza (o vento).

Se complementarmos o segundo e o terceiro exemplo dizendo que o sujeito pega o telefone e diz "alô", ou que o sujeito se levanta e tranca a porta, poderemos analisar as relações entre o comportamento e os eventos ambientais. No primeiro exemplo, o evento físico (iluminação ou escurecimento do ambiente) ocorreu após a ação do sujeito e em consequência desta ação. Dizemos que este é um *evento consequente* ao comportamento do sujeito. No segundo e no terceiro exemplo, os eventos físicos ocorreram antes da ação do sujeito e se relacionam a ela. Neste caso dizemos que eles são *eventos antecedentes* ao comportamento do sujeito.

> Os eventos físicos, isto é mudanças no ambiente físico, podem vir antes ou após um comportamento. Os eventos que ocorrem antes de um comportamento e se relacionam a este comportamento são denominados de eventos antecedentes. Os eventos que vem após o comportamento e se relacionam a ele são denominados de eventos consequentes.

As relações entre o comportamento e os eventos físicos ficam mais claras quando se transcreve os dados em três colunas: eventos antecedentes, comportamentos do sujeito e eventos consequentes.

Ao transcrever nossos exemplos, teremos:

Eventos antecedentes	Comportamentos do sujeito	Eventos consequentes
	S pressiona o interruptor.......	O ambiente se ilumina ou escurece.
Som do telefone...................	S pega o telefone.	
S diz: "alô".		
A porta bate e se fecha.........	S se levanta.	
S tranca a porta.		

Eventos sociais

São os comportamentos das outras pessoas presentes no ambiente. O comportamento do sujeito é aquele que eu estou analisando, os comportamentos das outras pessoas presentes são uma das circunstâncias que podem afetar o comportamento do sujeito.

Essa simultaneidade de comportamentos, emitidos pelo sujeito e outras pessoas presentes, bem como sua rapidez e interdependência, produzem uma situação de observação extremamente complexa. Devido a isso, o registro de eventos sociais requer uma atenção especial. Razão pela qual estabelecemos, a seguir, alguns critérios que orientem o leitor na seleção dos eventos sociais a serem registrados.

Em geral, o observador registra os eventos sociais:

1. *Quando a pessoa emite* um *comportamento em relação ao sujeito ou ao grupo do qual o sujeito faz parte.* Vejamos dois exemplos:
    a) *S*, segurando pacotes, passa em frente a uma loja.
    Um dos pacotes cai no chão.
    Um vendedor da loja pega o pacote/diz: – "Oi moço,
    o Sr. deixou cair este pacote".
    S vira-se,
    anda em direção ao vendedor,
    pega o pacote/diz: – "Muito obrigado".

b) *S* está no tanque de areia cavoucando um buraco, juntamente com três outras meninas.

    A professora se aproxima do grupo/ diz: – "Quem quer ouvir uma estória?"

    S e as meninas gritam: – "Eu, eu, eu..."

No primeiro exemplo, o comportamento do vendedor foi registrado porque foi dirigido ao sujeito; no segundo exemplo, o comportamento da professora foi registrado porque foi dirigido ao grupo do qual o sujeito faz parte.

  2. *Quando a pessoa apresenta um comportamento em relação a um objeto que pertence ou está relacionado ao sujeito observado.* Vejamos os exemplos:

    a) *S* escreve no caderno.

    J pega a borracha de *S*.

    S diz: – "Devolva logo".

    J balança afirmativamente a cabeça.

    b) *S*, na pia, lava a louça do almoço.

    P pega um prato do escorredor.

Nesses exemplos os comportamentos das pessoas *J* e *P* foram registrados porque os mesmos foram dirigidos a objetos pertencentes (no primeiro exemplo) ou que se relacionavam (no segundo exemplo) ao sujeito observado.

  3. *Quando o sujeito observado emite um comportamento em relação a uma pessoa ou grupo de pessoas.* Por exemplo:

    a) *S* olha em direção a *J*.

    J passa no corredor.

    b) *S* anda em direção a um grupo de crianças.

    As crianças pulam amarelinha.

Nesses exemplos, o comportamento de *J* e do grupo de crianças foi registrado porque o sujeito apresentou um comportamento em relação aos mesmos.

> Eventos sociais são os comportamentos das outras pessoas presentes no ambiente. Os eventos sociais podem ocorrer antes ou após um comportamento do sujeito.

Também as relações entre os eventos sociais e os comportamentos do sujeito são melhor analisados ao se transcrever os dados em três colunas: eventos antecedentes, comportamentos do sujeito e eventos consequentes. Ao transcrever os exemplos citados, teremos:

Eventos antecedentes	Comportamentos do sujeito	Eventos consequentes
1.a) Um vendedor da loja pega o pacote/ diz: - "Oi, moço, o Sr. deixou cair este pacote"........	S segurando pacotes passa em frente a uma loja............. S vira-se. S anda em direção ao vendedor. S pega o pacote/ diz-"Muito obrigado".	Um dos pacotes cai no chão.
1.b) A professora se aproxima do grupo/ diz – "Quem quer ouvir uma estória?"...............	S está no tanque de areia, cavoucando um buraco com outras três crianças. S e as outras crianças gritam: - "Eu, eu, eu..."	
2.a) J pega a borracha de S.........	S escreve no caderno. S diz: - "Devolva logo"......................	J balança afirmativamente a cabeça.
3.a) J passa no corredor.............	S olha em direção a J.	
3.b) Um grupo de crianças pula amarelinha..........................	S anda em direção às crianças.	

No exemplo 1.a) o evento físico "pacote cair no chão" constitui-se num evento consequente ao comportamento de *S* "passar em frente da loja segurando pacotes". O evento social "o vendedor pegar o pacote" e dizer: – "Oi, moço..." constitui-se num evento antecedente aos comportamentos de *S* "virar-se", "andar em direção ao vendedor", "pegar o pacote e dizer: – Muito obrigado".

No exemplo 2 a), o evento social "*J* pega a borracha de *S*" constitui-se num evento antecedente ao comportamento de *S* dizer: – "Devolva logo"; enquanto o evento social "*J* balança afirmativamente a cabeça" constitui-se num evento consequente a este comportamento de *S*.

Nos demais exemplos: 1.b), 3.a) e 3.b) os eventos sociais constituem-se em eventos antecedentes aos comportamentos do sujeito.

Observe que o exemplo 2.b) não foi transcrito para a folha de análise. Isto ocorreu pelo fato do relato não fornecer elementos para se estabelecer relações entre o evento social "*P* pega um prato do escorredor" e os comportamentos do sujeito.

Convém lembrar que algumas vezes ocorrem mudanças no ambiente, ou este contém aspectos que, de fato, parecem não alterar o modo de agir das pessoas presentes nesse ambiente. Outras características ou mudanças ambientais, contudo, parecem ter uma relação funcional com o comportamento. Uma análise comportamental completa envolve uma tentativa de identificação dos eventos que têm uma relação funcional com o comportamento porque são eventos que, ocorrendo antes desse comportamento, propiciam ou dificultam a ocorrência desse comportamento; ou que, seguindo ao comportamento, alteram as condições ambientais em que a pessoa se encontra e a curto prazo, alteram a sequência de comportamentos que poderiam se seguir.

Questões de estudo

1) Explique porque é necessário registrar os eventos físicos e sociais.

2) Defina eventos físicos e eventos sociais.

3) Dê exemplo de um evento físico que anteceda ao comportamento do sujeito.

4) Dê um exemplo de evento social que anteceda ao comportamento do sujeito.

5) Dê um exemplo de evento físico que se segue ao comportamento do sujeito.

6) Dê um exemplo de evento social que se segue ao comportamento do sujeito.

7) Explique as situações em que o observador deveria registrar os eventos sociais.

8) Explique o modo de representar as relações entre os eventos ambientais e os comportamentos do sujeito.

Exercícios de estudo

Damos, a seguir, cinco relatos de observação. Você deve identificar os eventos físicos e sociais existentes em cada relato e estabelecer a relação desses eventos com os comportamentos do sujeito. Transcreva o relato, em três colunas, na folha de análise. Proceda da seguinte maneira:

- inicialmente, comece identificando e sublinhando os eventos ambientais (físicos e sociais) existentes no relato;
- a seguir, identifique os comportamentos do sujeito que estão relacionados aos eventos ambientais sublinhados;
- transcreva, então, os comportamentos do sujeito e eventos ambientais nas colunas apropriadas para análise;
- coloque entre parênteses, após cada evento ambiental, as siglas *EF* e *ES* quando se tratar, respectivamente, de um evento físico ou de um evento social.

Faça isso no espaço apropriado que é dado a seguir.

Relato 1

S está espreguiçada na beira da piscina.
J pula na piscina e espirra água em *S*.
S levanta a cabeça e olha na direção de *J*.
M aproxima-se de *S* e a convida para um mergulho.
S se levanta dizendo: – "Pule você primeiro".
M pula na água.
S pula atrás de *M*.
M nada até a outra margem e diz: – "Vamos pular do trampolim".
S sai da piscina e corre na direção das plataformas do trampolim.
M corre atrás de *S*.
O alto-falante anuncia: – "Sandra da Silva, seu pai a espera no restaurante".
S para e diz a *M*: – "Não dá mais para brincar, meu pai está me esperando".
M diz: – "Só um pulo, depois você vai".
S diz: – "Só um".
S sobe as escadas do trampolim e pula de cabeça n'água.

Eventos antecedentes	Comportamentos do sujeito	Eventos consequentes

Relato 2

S se espreguiça na cadeira de praia.
Uma menina se aproxima de S e pede sorvete.
S pega o dinheiro e diz: –"Traga o troco".
A menina pega o dinheiro e sai correndo.
S estica as pernas e fecha os olhos.
Uma bola bate nas pernas de S.
S olha para o lado.
Um homem vem correndo na direção da bola.
S diz: – "Será que o Sr. não poderia jogar noutro lugar".
O homem diz: – "A praia é pública, madame".
S vira o rosto e fala com D: –"Além de receber uma bolada, tenho que ouvir essa".
D diz: – "Esta praia não é como era antes".

Eventos antecedentes	Comportamentos do sujeito	Eventos consequentes

Relato 3

S está no Shopping Center.
Numa vitrina estão expostas saias e blusas.
S olha na direção de uma saia.
A vendedora se aproxima e pergunta se S quer experimentar a saia.
S entra na loja atrás da vendedora.
A vendedora pergunta o tamanho de S.
S diz: – "P".
A vendedora pega a saia, entrega-a a S e mostra onde fica o provador.
S vai até o provador e veste a saia.
A saia fica muito justa.
S pede o tamanho "M" para a vendedora.
S coloca a saia.
A saia fica bem em S.
S diz que vai levá-la.
A vendedora pergunta se S não quer ver umas blusinhas.
S diz: – "Hoje não, só quero a saia".
S paga, pega o pacote e sai da loja.

Eventos antecedentes	Comportamentos do sujeito	Eventos consequentes

Relato 4

S senta na cadeira em frente ao computador e liga o aparelho.
A imagem aparece na tela.
S olha para a tela.
O computador pede a senha de S.
S digita a senha.
A tela se abre com os ícones.
S dá um clique com o mouse no ícone do Word.
O programa Word entra na tela.
S digita uma carta para o chefe de seção.
B chama *S* para um café.
S levanta e vai até *B*.
B entrega um copinho de café a *S*.
S pega o copinho e bebe o café.
S conversa com *B*.
S diz que precisa terminar a carta.
S volta para o computador.
No vídeo está o protetor de tela.
S movimenta o mouse.
No vídeo aparece a carta que *S* está escrevendo.
S senta e continua a escrever a carta.

Eventos antecedentes	Comportamentos do sujeito	Eventos consequentes

Relato 5

S insere um bilhete múltiplo no orifício existente na parede frontal da catraca do metrô.
O bilhete aparece na parte superior da máquina.
S pega o bilhete e passa pela catraca.
S vai até a plataforma de embarque e fica parado olhando o túnel.
O trem se aproxima da plataforma, para e abre suas portas.
S entra no trem.
Banco vazio.
S senta no banco.
Voz verbaliza "Estação Bresser".
S levanta e caminha até a porta.
Trem para e abre suas portas.
S sai do trem.

Eventos antecedentes	Comportamentos do sujeito	Eventos consequentes

Instruções para a atividade prática

A atividade consistirá:

a) no registro dos comportamentos e eventos ambientais que ocorrem numa situação e,

b) na análise dos registros efetuados.

O objetivo desta atividade é o de *identificar eventos físicos e sociais e estabelecer a relação destes eventos com os comportamentos do sujeito*. A técnica de registro utilizada é o registro contínuo cursivo dos comportamentos motores, das expressões faciais, dos comportamentos vocais e dos eventos ambientais que ocorrem.

Instruções gerais

- Observe um sujeito numa das seguintes situações: a) trabalho do feirante numa barraca de feira; b) trabalho de um vendedor numa loja, padaria ou mercado; ou c) trabalho do porteiro na portaria de um prédio.
- Observe e registre os comportamentos do sujeito (comportamentos motores, expressões faciais e comportamentos vocais) e os eventos ambientais (físicos e sociais) por 20 minutos.
- Forneça a indicação do tempo, de 2 em 2 minutos (0', 2', 4', 6', 8', 10', 12', 14', 16' e 18').
- Apresente um protocolo completo (itens 1 a 10).
- Terminada a observação, transcreva os registros efetuados para as folhas de análise. Proceda da mesma forma que no exercício de estudo.

    a) identifique e sublinhe os eventos ambientais (eventos físicos e sociais) registrados;

    b) a seguir, identifique os comportamentos do sujeito que estão relacionados aos eventos ambientais sublinhados;

    c) transcreva, então, os comportamentos do sujeito e os eventos ambientais nas colunas apropriadas da folha de análise (eventos antecedentes, comportamentos do sujeito, eventos consequentes);

    d) identifique se o evento é físico ou social, colocando as siglas *EF* (evento físico) ou *ES* (evento social), entre parênteses, após cada evento ambiental.

Unidade 9

A DEFINIÇÃO DE EVENTOS COMPORTAMENTAIS E AMBIENTAIS

Vimos, nas unidades anteriores, que o uso da linguagem científica, nos relatos de observação, permite a comunicação e elimina as divergências entre os observadores com relação à interpretação dos eventos observados. A compreensão exata de um relato, entretanto, só é obtida se o observador definir estes eventos.

A definição é condição indispensável para que dois ou mais observadores concordem quanto a ocorrência e características de um determinado evento.

Para exemplificar melhor a importância da definição faremos um exercício, seguindo sugestão de Hall (1975).

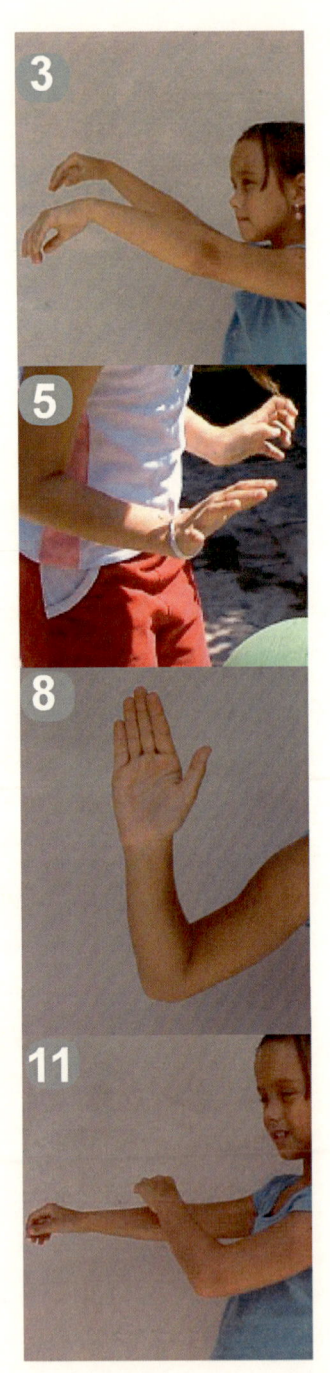

Figura 9.1

Exercício 1

São apresentadas 11 fotos na Figura 9.1. Observe cada uma, procurando identificar aquelas que representam o comportamento "levantar a mão". Escreva, no espaço existente para a resposta, as letras correspondentes às fotos que representam o comportamento "levantar a mão".

Resposta:

Analisemos as respostas dadas no exercício. Alguns de vocês podem achar que todas as fotos representam o comportamento "levantar a mão"; alguns dirão que unicamente as fotos 2, 8 e 10, ou outras combinações, tais como: 2, 6, 8 e 10; ou 1, 2, 3, 6, 7, 8, 9 e 10 etc., representam este comportamento. De certa forma, qualquer uma das respostas é válida, uma vez que está baseada na opinião pessoal de cada um, acerca do que vem a ser "levantar a mão". Para haver consenso, isto é, concordância entre nós, seria necessário definirmos antes o comportamento "levantar a mão".

Se definirmos o comportamento "levantar a mão" como *"colocar a mão acima do ombro, estando a mesma afastada da cabeça, os dedos estendidos e a palma da mão aproximadamente no mesmo plano que o antebraço"* (definição nº 1), todos concordaremos que apenas as fotos 2, 8 e 10 representam este comportamento.

Se dermos, entretanto, uma definição diferente para o comportamento, outras respostas seriam aceitas. Então vejamos:

- definição nº 2: *"deslocar a mão de modo a ultrapassar o ombro, estando a mesma afastada do corpo e a palma da mão aproximadamente no mesmo plano que o antebraço"*;
- definição nº 3: *"colocar a mão na altura ou acima do ombro"*;
- definição nº 4: *"mover uma ou mais estruturas do membro superior (braço, antebraço, mão ou dedos) para cima da cintura"*.

De acordo com a definição nº 2, as fotos 2, 6, 8 e 10 representam "levantar a mão"; seguindo-se a definição nº 3, as fotos 1, 2, 3, 6, 7, 8, 9 e 10; e adotando-se a definição nº 4 todas as fotos representam o comportamento em questão.

A definição identifica o evento que está sendo observado e, consequentemente, garante a comunicação e facilita a compreensão deste evento. A importância principal da definição é permitir que as pessoas interessadas em um certo conjunto de fenômenos sejam perfeitamente capazes de compreenderem-se umas às outras e identificar o fenômeno em discussão.

Segundo Bijou, Peterson e Ault (1968) "o problema principal na definição de eventos é estabelecer um critério ou critérios, de forma que dois ou mais observadores possam concordar sobre sua ocorrência". Por exemplo, se o observador deseja registrar o número de vezes que uma criança bate em outra, os critérios que distinguem o comportamento "bater" do comportamento "encostar a mão" ou "empurrar" devem ser claramente especificados.

Definir um evento é descrever as características através das quais o observador identifica o evento, isto é, enunciar os atributos e qualidade próprias e exclusivas de um evento de modo a caracterizá-lo e distingui-lo de outros. Por exemplo:

- Batida de porta: *"quando a porta encostar no batente, produzindo ruído"*.
- Falas dirigidas ao sujeito: *"quando uma outra pessoa falar e simultaneamente olhar na direção do sujeito observado ou chamá-lo pelo nome"*.
- Chutar pedra: *"fletir e estender a perna de modo a produzir contato do sapato ou do pé com a pedra"*.

As duas primeiras definições são de eventos ambientais. A primeira é de um evento físico e a segunda, de um evento social. A terceira definição é de um evento comportamental. Através destas definições é possível distinguir os eventos observados, isto é, distinguir uma "batida de porta" de um "encostar de porta", na medida em que a primeira inclui a produção de ruído. O mesmo acontece com o evento social "falas dirigidas ao sujeito", e com o evento comportamental "chutar pedras". Mediante a definição, o observador é capaz de identificar os elementos que caracterizam o evento observado.

Segundo Cunha (1976), o importante numa definição "é que se procure descrever um fenômeno de modo que ele seja, não referido apenas, mas colocado sob os olhos de outra pessoa exatamente como foi visto, ouvido, tocado, enfim, observado".

> Definir é descrever as características mediante as quais o observador identifica o evento. A definição garante a comunicação e facilita a compreensão dos eventos observados.

Colocada a importância da definição, você deve aprender como elaborá-la. Para isso, existem alguns cuidados a serem tomados.

1. Linguagem

A definição deve ser feita, numa linguagem *objetiva, clara e precisa* (veja Unidade 2).

2. Forma direta

A definição deve ser feita de forma *direta* ou *afirmativa*, isto é, deve indicar as características do objeto ou do comportamento, evitando-se o erro comum de dizer o que ele não é. Exemplo: definir "ficar em pé" por *"deixar de estar sentada"*.

Como você pode observar, esta definição indica o que a pessoa não está fazendo. Neste sentido, além de contrariar o item 2, viola também as características de clareza e precisão (item 1), uma vez que não se especifica o que o sujeito faz ou como ele se encontra quando "deixa de estar sentado".

3. Elementos pertinentes

Incluir somente *elementos pertinentes*, que constituam características intrínsecas ao fenômeno ou objeto que está sendo definido. As propriedades definidoras de um evento são os elementos fundamentais, cujas presenças identificam o evento, distinguindo-o de outro. Por exemplo, se definíssemos "balançar chocalho" como: *"estando a criança no berço com um chocalho entre as mãos, consiste em flexionar sucessivamente a mão que segura o chocalho de forma a deslocar o chocalho alternadamente no espaço"*, estaríamos incluindo na definição um aspecto não essencial ao comportamento de balançar chocalho, a localização da criança no berço. Tal localização pode ocorrer em algumas ocasiões, mas não é peculiar ao comportamento "balançar chocalho".

Exercício 2

Damos a seguir, três definições que estão erradas. Os erros estão relacionados aos cuidados que o observador deve ter ao definir, a saber: *ser objetivo, claro, preciso direto e pertinente*. Identifique e explique, no espaço existente após a definição, os erros cometidos.

a) Proximidade física – "quando uma pessoa se encontra não muito distante do sujeito".

b) Andar – "mudar a posição no espaço por meio de movimentos alternados de pernas e balanço de braços".

c) Arranhar – "friccionar a ponta da unha sobre o corpo da outra pessoa para produzir ferimento".

Vamos verificar as respostas dadas.

A definição de proximidade física não é precisa. Para ser precisa ela deveria fornecer a medida da distância máxima que poderia existir entre a pessoa e o sujeito. Por exemplo: *"quando a pessoa se encontra a menos de dois metros do sujeito"*.

A definição de andar inclui um elemento não pertinente, *"o balanço de braços"*. Balanço de braço não é um aspecto essencial para que se afirme que alguém está a andar; é um aspecto circunstancial, que poderá ocorrer em determinadas ocasiões, mas não caracteriza o andar.

A definição de arranhar, por sua vez, não é objetiva. A expressão *"para produzir ferimento"* atribui uma finalidade à ação. Ao invés de interpretar os motivos para a ação, a definição deve especificar o resultado da mesma, isto é, o tipo de ferimento produzido. Por exemplo, *"friccionar a ponta da unha sobre o corpo da outra pessoa, produzindo um sulco na pele"*.

4. Explícita e completa

Além dos cuidados salientados nos itens 1, 2 e 3, a definição deve ser *explícita e completa.* Isto é, deve especificar as características que identificam o evento observado.

De uma maneira geral, a definição é explícita e completa quando se refere às *condições necessárias à ocorrência do evento,* ao *evento em sua sequência* e à *unidade de análise.* Por exemplo, a definição do comportamento "espremer laranja no espremedor manual" poderia ser: "*estando os dedos de uma das mãos flexionados ao redor da casca de uma das metades da laranja, e a laranja colocada sobre o espremedor, girar a mão de um lado para outro pressionando a laranja no espremedor de modo a extrair suco da mesma. O comportamento inicia quando ocorre o movimento de giro da mão e termina quando a casca da laranja é retirada do espremedor*".

Analisemos este exemplo: "Estando os dedos de uma das mãos flexionados ao redor da casca de uma das metades da laranja, e a laranja colocada sobre o espremedor", são as *condições necessárias para a ocorrência do evento.* "Girar a mão de um lado para outro pressionando a laranja no espremedor de modo a extrair suco da mesma", é o *evento em sua sequência.* Dizer que "o comportamento inicia quando ocorre o movimento de girar a mão e termina quando a casca de laranja é retirada do espremedor", é especificar a *unidade de análise.*

Unidade de análise são os critérios utilizados pelo observador para delimitar o início e o fim de um comportamento ou sequência comportamental. Sua explicitação se faz necessária quando se quer quantificar os comportamentos, pois a precisão na contagem dos eventos depende desta explicitação. A exata delimitação da unidade de análise é arbitrária, ela varia em função dos objetivos do estudo observacional e das conveniências do observador (facilidades no registro). Assim, ao invés da unidade de análise estabelecida anteriormente, poderíamos ter especificado o término da unidade como sendo *"quando o sujeito interromper a atividade por um período superior a 1 minuto"*.

> Ao definirmos eventos comportamentais e ambientais, devemos ser: objetivos, claros, precisos e diretos; devemos cuidar para que a definição só inclua elementos que lhe sejam pertinentes e que seja explícita e completa.

Questões de estudo

1) O que é definir?
2) Explique a importância, em ciência, de uma boa definição.
3) Explique o que vem a ser uma linguagem objetiva, clara e precisa.
4) Por que a definição "ficar em pé", como "deixar de estar sentada", é uma definição que contém erro?
5) Explique outros cuidados que devem ser tomados ao elaborar uma definição.
6) O que é unidade de análise?

Exercício de estudo

Defina, a seguir, os comportamentos indicados. Não se esqueça de especificar as condições necessárias para a ocorrência do evento, o evento em sua sequência e a unidade de análise.

1) Ralar queijo no ralador:

2) Pintar no papel:

3) Passar roupa:

4) Cortar unhas com alicate:

Unidade **10**

MORFOLOGIA E FUNÇÃO DO COMPORTAMENTO

Na unidade anterior, mostramos a importância de uma definição e identificamos as principais características que uma definição deve atender. Nesta unidade veremos as diferentes maneiras de se definir o comportamento.

Ao analisarmos um comportamento, há basicamente dois aspectos a serem considerados: o morfológico e o funcional. *Morfologia* diz respeito à *forma* do comportamento, isto é, à postura, aparência e movimentos apresentados pela pessoa. *Função* diz respeito às *modificações ou efeitos produzidos* pelo comportamento no ambiente. Por exemplo, quando você relata que *M* está com os ombros caídos e pálida, ou que move a cabeça lateralmente para a direita, você está focalizando os aspectos morfológicos dos comportamentos apresentados por *M* (uma postura: ombros caídos; uma aparência: pálida; e um movimento: move a cabeça lateralmente para a direita). Quando diz que *M* se aproxima da janela, ou que *M* abre a bolsa, você está enfatizando os aspectos funcionais dos comportamentos, isto é, os efeitos produzidos no ambiente (proximidade da janela e bolsa aberta, respectivamente).

As definições comportamentais podem focalizar aspectos morfológicos, aspectos funcionais, ou ambos. As que dão ênfase à descrição da forma do comportamento serão denominadas de *definições morfológicas*[7]; e aquelas que enfatizam o efeito produzido no ambiente, de *definições funcionais*. Chamaremos de *mistas*, as que incluem tanto aspectos morfológicos como funcionais.

Ao elaborar uma definição morfológica, devemos utilizar, como referencial, o próprio corpo da pessoa. Quer dizer, ao descrever um movimento devemos indicar a direção e sentido do mesmo; tomando como referência as partes do corpo (cabeça, tronco, pés etc.), ou suas regiões (região central, regiões laterais; direita e esquerda, região anterior e região posterior). Por exemplo, ao descrever os comportamentos de um ginasta fazendo exercícios abdominais eu diria: "estando o ginasta em decúbito dorsal, inclina o tronco no sentido póstero-anterior, de forma a aproximar a cabeça dos joelhos".

Na definição funcional, em geral, é feito o inverso. O referencial utilizado é o ambiente externo (ambiente físico e social) e não o próprio sujeito. Por exemplo, descrevo funcionalmente o comportamento de aproximação entre duas pessoas, dizendo "*S* está a uma distância igual ou inferior a um metro de *N*". Atenção! A descrição "*H* tira o chapéu da cabeça e o coloca sobre a mesa" é uma descrição funcional. "Colocar o chapéu sobre a mesa" é, obviamente, funcional, assim como tirar o chapéu da cabeça. Veja bem, o fato de eu descrever o comportamento em relação à cabeça de *H*, não torna morfológica a descrição, já que não focalizei os movimentos e posturas envolvidos nesse gesto. Ao contrário, descrevi um efeito (o chapéu ficou fora da cabeça) produzido no ambiente externo, pelo comportamento de

---

[7] A definição morfológica requer, em geral, especificações bastante complexas. O nível de especificação que vamos requerer, entretanto, é bem simples. Exemplos de descrições morfológicas mais elaboradas e sofisticadas podem ser encontradas no artigo de Cunha (1974) que descreve um curso de observação científica, ministrado a pós-graduados em Psicologia.

H; houve uma mudança na posição relativa de uma parte do corpo de *H* (cabeça) e no ambiente externo (chapéu).

> Resumindo, definições morfológicas focalizam a postura, aparência e movimentos apresentados pela pessoa; definições funcionais salientam os efeitos produzidos pelo comportamento no ambiente; e definições mistas focalizam ambos, isto é, aspectos morfológicos e aspectos funcionais.

Vejamos alguns exemplos de definição de comportamento[8]:

- Beijar: "estando os lábios juntos, projetados para frente, numa forma arredondada e franzida, consiste em inspirar o ar pela boca, estalando os lábios (os lábios poderão encostar ou não numa superfície)"*.
- Marcar gol; "quando a bola, chutada por um jogador, penetrar entre as traves".
- Atirar: "estando um objeto preso entre os dedos, consiste em estender o antebraço abruptamente e, simultaneamente, abrir a mão, produzindo o lançamento do objeto para longe do corpo".

A definição de "beijar" é uma definição morfológica na medida em que descreve a postura dos lábios (lábios juntos, projetados para frente, numa forma arredondada e franzida) e os movimentos que ocorrem (inspiração do ar pela boca, estalando os lábios); a definição de "marcar gol", por outro lado, é uma definição funcional. Nela não se teve a preocupação de identificar os aspectos morfológicos (partes do corpo que executam o movimento, nem o movimento que ocorre), mas apenas descrever o efeito do comportamento de chutar, "a bola penetrar entre as traves". A definição de "atirar", por sua vez, é considerada uma definição mista, pois focaliza tanto aspectos morfológicos (extensão abrupta do antebraço e abertura da mão), como aspectos funcionais (lançamento do objeto para longe do corpo).

---

[8] *Definição adaptada de Batista (1978). Estas três definições foram revistas e se encontram juntamente com 180 outras no apêndice C em Fagundes (2015).

Na prática, você pode seguir a seguinte "dica". Para diferenciar uma definição morfológica de uma funcional, verifique se o referencial utilizado na definição é o sujeito ou o ambiente externo. As definições morfológicas descrevem o que ocorre com o sujeito (movimentos, posturas, aparências), tendo como referencial o próprio sujeito. Isto é, um movimento de braço é descrito como uma flexão que resulta num determinado ângulo de abertura do braço em relação ao corpo do indivíduo. As definições funcionais referem-se a efeitos produzidos no ambiente físico e social (alteração no estado, ou posição ou localização de objetos ou pessoas; produção de sons ou ruídos); ou nas relações que o sujeito mantém com este ambiente (na localização ou posição do sujeito ou de uma parte de seu corpo).

A escolha do tipo de definição a ser utilizado depende do objetivo do estudo observacional. Em geral, quando a observação visa a seleção ou avaliação de pessoas, definições funcionais são suficientes. Entretanto, quando a observação visa o treinamento da pessoa, é necessário especificar também a morfologia do comportamento.

Se o objetivo é a seleção ou avaliação profissional, basta verificar se o efeito desejado foi obtido, ou melhor, se a tarefa foi feita de acordo com os critérios estabelecidos. Por exemplo, posso avaliar a eficiência de um pedreiro, verificando o produto do seu trabalho. Neste caso, o comportamento do pedreiro de "construir paredes" será definido funcionalmente, descrevendo-se os efeitos do mesmo (tijolos sobrepostos, unidos e alinhados). Entretanto, se o objetivo for o treinamento do pedreiro, será necessário recorrer a definições que descrevam não só o efeito, mas também as posturas e movimentos que ele apresenta ao construir a parede, na sequência em que estes movimentos e posturas ocorrem. Neste caso, será necessário descrever a forma como ele pega a colher de pedreiro, os movimentos da mão ao alisar o cimento, ao colocar o tijolo etc.

A descrição da morfologia do comportamento é especialmente importante no caso de tratamento ou recuperação de pessoas com deficiências de natureza física.

Por exemplo, quando o psicólogo trabalha na recuperação de uma criança com lesão cerebral, a evolução do trabalho, isto é, a mudança de critério para requerer dela novos comportamentos, vai depender de pequenas alterações na forma do comportamento (no modo como a criança coloca o pé ao andar, no seu jogo de pernas e coxas etc., ou na sequência em que estes movimentos ocorrem). Neste caso, para poder acompanhar o progresso da criança, o psicólogo deve recorrer a definições que identifiquem e diferenciem cada uma destas pequenas alterações.

> As definições podem ser morfológicas, funcionais ou mistas. O objetivo do estudo observacional determina o tipo de definição a ser utilizado.

Existem, entretanto, comportamentos que são mais facilmente descritos, ou em termos morfológicos ou em termos funcionais. Em geral, quando o comportamento não produz mudanças perceptíveis no ambiente externo, a definição morfológica é mais adequada. Exemplos de comportamentos compatíveis com definições quase que exclusivamente morfológicas: mudanças de expressão facial (sorrir, enrugar a testa etc.) e mudanças de postura (curvar-se, inclinar a cabeça etc.). Lembramos, contudo, que essas mudanças de expressão facial e de postura, frequentemente, ocorrem no contexto de uma interação social. Neste caso, as definições funcionais ou mistas seriam mais adequadas.

Por outro lado, quando os aspectos morfológicos consistirem basicamente de movimentos de difícil identificação e observação, a definição funcional é preferível. Por exemplo, nas vocalizações (tais como falar, murmurar etc.), a forma dos comportamentos não é acessível à observação direta, pois os movimentos, em sua maioria, se processam a nível interno. Neste caso, a definição deverá focalizar, preferencialmente, os aspectos funcionais destes comportamentos, ou seja, os sons produzidos.[9]

---

[9] No caso específico da foniatria e da fonoaudiologia, o próprio objetivo do trabalho determina a necessidade de uma descrição morfológica (movimento de língua, laringe, cordas vocais), por mais difícil que ela seja.

Questões de estudo

1) Explique as características:
   a) de uma definição morfológica do comportamento;
   b) de uma definição funcional do comportamento; e
   c) do que é chamada uma definição mista.

2) Dê um exemplo de como o objetivo de um estudo determina o tipo de definição a ser utilizada. Justifique.

3) Indique, nos exemplos abaixo, que tipo de definição seria mais provavelmente usada. Justifique sua escolha.
   - Encolher-se
   - Cantar
   - Franzir as sobrancelhas
   - Abrir os olhos
   - Sussurrar

Exercícios de estudo

Exercício 1

Verifique se as definições apresentadas a seguir são morfológicas, funcionais ou mistas. Justifique sua resposta.

1) Chutar bola: "fletir a perna e estendê-la rapidamente, produzindo contato dos pés com a bola e o deslocamento da mesma".
   Resposta:
   Justificativa:

2) Pressionar a barra: "qualquer deslocamento da barra que seja acompanhado do clique característico do aparelho".
   Resposta:
   Justificativa:

3) Espetar com garfo: "introduzir os dentes de um garfo no alimento, ficando os dentes do garfo total ou parcialmente envolvidos pelo alimento".[10]
   Resposta:
   Justificativa:

---
[10] Definições adaptadas de Batista (1978). Veja nota de rodapé 8.

4) Fechar a boca: "estando o lábio superior afastado do lábio inferior, mover os lábios de forma a diminuir a distância entre eles, em relação à posição anterior". *

Resposta:

Justificativa:

Exercício 2

Até aqui você analisou várias definições, classificando-as de acordo com os aspectos morfológicos e funcionais. É evidente, contudo, que ao observador não basta identificar definições. Na realidade, ele deve elaborá-las com base em suas próprias observações. Imagine então, à guisa de exercício, os comportamentos indicados e defina-os em função do critério estabelecido.

1) Você já viu um oriental (pelo menos através de filmes) fazendo com o corpo um cumprimento (uma mesura)? Defina morfologicamente o comportamento de "Fazer mesura".

Na definição morfológica o observador indica a postura e posições essenciais (sem as quais o comportamento não ocorre) e o tipo de movimentos que o sujeito apresenta ao exibir o comportamento. Portanto, poderíamos definir o comportamento de "Fazer mesura" como: "estando uma pessoa em pé, com o corpo ereto, consiste em mover a região superior do tronco no sentido póstero-anterior".

A seguir, defina morfologicamente os seguintes comportamentos:

2) Definição morfológica do comportamento: "acenar com a mão (dar tchau)".

3) Definição morfológica do comportamento: "dizer sim com a cabeça".

Vamos, agora, efetuar definições funcionais.

4) Defina funcionalmente o comportamento: "amassar banana com o garfo".

Vamos conferir. Uma definição que focalizasse os aspectos funcionais deveria focalizar o contato do garfo com o alimento, assim como a alteração na forma da banana, ao invés de focalizar a postura da mão e dos dedos ao segurar o garfo e os movimentos realizados (aspectos morfológicos). Por exemplo, Batista[11] definiu "amassar" como: "atritar o garfo contra o alimento, produzindo um alimento mais pastoso ou fracionado do que antes de ser amassado".

5) Definição funcional do comportamento: "colocar refrigerante no copo".

6) Definição funcional do comportamento: "fechar a torneira".

---
[11]Definição adaptada de Batista (1978). Veja nota de rodapé 8.

Você deverá elaborar agora definições mistas, isto é definições que incluam aspectos morfológicos e funcionais do comportamento.

7) Defina de forma mista o comportamento: "cortar papel com tesoura".

Vejamos como você se saiu! Uma definição mista, do comportamento "cortar papel com tesoura", focalizaria tanto aspectos morfológicos (postura dos dedos e movimentos realizados), como aspectos funcionais (efeito destes movimentos sobre as lâminas da tesoura e sobre o papel). A definição de "cortar papel com tesoura" apresentada a seguir, é um exemplo de definição mista: "estando os dedos de uma das mãos flexionados, com o polegar e o indicador introduzidos nos orifícios da tesoura, consiste em elevar e, alternadamente, abaixar o polegar de forma a produzir a aproximação das duas lâminas até que elas se atritem, dividindo o objeto em duas partes"[12]. Poderíamos completar a descrição dizendo que "após o atrito das lâminas, a mão que segura a tesoura se desloca, avançando a tesoura no papel e que, após o avanço da tesoura, os movimentos do polegar (de elevar e abaixar) se repetem, até dividir o papel em duas partes distintas".

---
[12] Definição adaptada de Batista (1978). Veja nota de rodapé 8.

8) Definição mista do comportamento: "bater palmas".

9) Definição mista do comportamento: "Patinar".

Unidade 11

ESTABELECIMENTO DE CLASSES

Para conhecer um organismo, para estudá-lo, é necessário passar algumas horas em contato com ele, observando e registrando seus comportamentos. No início, os comportamentos parecem ser infinitamente variáveis. Entretanto, após observações repetidas, passa-se a perceber que os comportamentos se assemelham, se repetem, e que existe certa relação entre eles.

Numa segunda etapa do trabalho, a partir das semelhanças e diferenças encontradas entre os comportamentos, o observador passa a classificá-los, isto é, a agrupá-los conforme características comuns, partilhadas por vários elementos do conjunto. A classificação é uma forma de organizar os dados disponíveis. Ela permite identificar relações, sequências, e uniformidade entre os eventos observados.

A primeira forma de classificação dos eventos ocorre quando se delimita as unidades de análise a serem consideradas.

Delimitação da unidade de análise

Os pontos de mudança são, segundo Cunha (1975), os pontos naturais de recorte das unidades comportamentais. Uma mudança consiste numa alteração na forma do comportamento ou no efeito produzido no ambiente.

Numa sequência comportamental são vários os pontos de mudança que ocorrem e que podem ser utilizados para o recorte de unidades. Vejamos um exemplo. Análise a seguinte sequência comportamental:

1 - S abre a torneira da pia.
2 - Pega uma esponja.
3 - Molha a esponja n'água.
4 - Passa a esponja no sabão.
5 - Pega um utensílio de cozinha.
6 - Ensaboa o utensílio.
7 - Enxágua o utensílio.
8 - Coloca-o no escorredor de pratos.
9 - Pega outro utensílio.
10 - Repete a sequência de 6 a 8.
11 - Pega outro utensílio.
12 - Repete ... etc. etc.
13 - Fecha a torneira.
14 - Pega um pano de prato.
15 - Pega um dos utensílios lavados.
16 - Enxuga-o.
17 - Coloca-o em cima do balcão.
18 - Repete a sequência 15 a 17.
19 - Repete ... etc. etc.
20 - Pendura o pano de prato.
21 - Pega um dos utensílios.

22 - Guarda-o no armário.

23 - Repete os eventos 21 e 22.

24 - Repete ... etc. etc.

25 - Sai da cozinha.

26 - Vai até a área de serviço.

27 - Pega peças de roupa suja.

28 - Separa as peças de roupa branca das de cor.

29 - Abre a máquina de lavar.

30 - Insere o plugue à tomada.

31 - Abre o registro d'água.

32 - Coloca as peças de roupa branca na máquina.

33 - Coloca sabão na máquina.

34 - Liga a máquina.

.

. (Após a centrifugação da roupa, quando a máquina para.)

.

35 - Desliga a máquina.

36 - Retira uma peça de roupa da máquina.

37 - Estende a peça no varal.

38 - Repete os eventos 36 e 37.

39 - Repete ... etc. etc.

40 - Coloca a roupa de cor na máquina.

41 - Repete a sequência 33 a 39.

No exemplo dado, quantas e quais são as unidades naturais existentes? Os pontos possíveis de recorte são vários. De um lado, cada comportamento se constitui numa unidade em si mesmo, pois difere do anterior, tanto na forma quanto com relação a seu efeito específico. Mas, por outro lado se queremos organizá-los em unidades mais amplas, mais gerais e mais abrangentes, poderíamos inicialmente apontar duas grandes categorias de comportamento: a) arrumar a cozinha, b) lavar roupa. Neste caso, as mudanças de atividade e local marcam o início de uma nova categoria. Existem, entretanto, outros pontos de recorte nesta sequência: as mudanças que delimitam o lavar louça, o enxugar a louça, o guardar a louça, o bater a roupa na máquina e o estender a roupa.

Agrupamento dos comportamentos em classes

Os critérios adotados para o agrupamento em classes são os mesmos utilizados para definir o comportamento, ou seja, comportamentos que apresentam em comum aspecto de sua morfologia, de sua função, ou de ambos. E assim como nas definições, a escolha do critério de classificação depende do objetivo de trabalho do observador.

A - Agrupamentos pela morfologia

Os comportamentos que apresentam semelhanças no movimento, e/ou postura, e/ou aparência, podem ser agrupados segundo essas semelhanças. Tal agrupamento será dito "morfológico" (pela morfologia).

Vamos ao exemplo. Os comportamentos: "apagar com a borracha", "riscar com a caneta" e "lixar a unha", apresentam semelhanças morfológicas. Nos três, a postura dos dedos que prendem o objeto (borracha, caneta e lixa) é semelhante: *"os dedos estão flexionados"*, e os movimentos que ocorrem também são semelhantes: *"movimentos lineares do antebraço e/ou mão, com alternações sucessivas do sentido do movimento"*. O fato desses três comportamentos apresentarem certas semelhanças com relação à morfologia permite que eles sejam colocados numa mesma classe, a qual denominaremos de *"movimento em vai e vem"*. Pense em outros comportamentos que poderiam ser incluídos nesta classe.

Evidentemente que, dependendo dos objetivos, essa classe poderia ser subdividida em muitas outras. Neste caso eu poderia levar em conta as diferenças no ritmo ou na força dos movimentos com que a pessoa apaga, risca ou lixa.

Convém salientar que os comportamentos analisados, além das semelhanças morfológicas, apresentam também uma semelhança com relação à função, uma vez que produzem o deslocamento de um objeto sobre uma superfície.

A utilização de critérios exclusivamente morfológicos ocorre, em geral, quando o interesse é o de identificar e descrever as próprias posturas, aparências e movimentos apresentados.

Podemos lembrar aqui uma ocasião em que agrupamentos morfológicos se mostrariam particularmente úteis. Vejamos. Se precisássemos estudar o funcionamento de uma determinada parte do corpo que critério utilizaríamos? Obviamente, o critério morfológico. Suponhamos que o objetivo do meu estudo fosse "identificar por que os operários de uma determinada fábrica apresentam deformações de postura após um certo tempo de trabalho". Neste caso, inicialmente eu poderia descrever, usando uma classificação morfológica, os problemas de postura encontrados. Posteriormente, eu iria verificar as causas destes problemas. Poderia, por exemplo, classificar morfologicamente também as posturas que os operários exibem durante o trabalho, verificando se estas seriam as causas das deformações de postura.

B - Agrupamentos pela funcionalidade

São agrupamentos que têm como referencial as modificações produzidas no ambiente. Por exemplo, ao preparar a terra para o plantio, um lavrador pode apresentar diferentes tipos de comportamento, tais como: "passar o trator", "passar o arado animal" ou "cavar com enxada ou enxadão". Todos estes comportamentos, embora sejam morfologicamente diferentes, apresentam alguns efeitos comuns, tais como *sulcos na terra e revolvimento da mesma*". Esta semelhança com relação à função dos comportamentos permite que eles sejam agrupados numa mesma classe, a qual denominaremos "*arar a terra*".

O agrupamento pela função é escolhido quando estamos interessados em analisar a ocorrência de determinado efeito do comportamento sobre o ambiente. Frequentemente, este é o tipo de agrupamento utilizado ao se realizar uma análise funcional do comportamento, isto é, das condições que antecedem e sucedem o comportamento e das relações deste com estas condições (Skinner,1970; Bijou e Baer, 1981, Catania, 1999).

A expressão "tocar a campainha", refere-se a uma variedade de comportamentos que produzem o toque da campainha, e que podem apresentar variações de duração e força, ou mesmo de postura, ou de partes do corpo envolvidas. Variações estas que, apesar de existirem, não são consideradas, uma vez que o critério é o efeito produzido. Do mesmo modo podemos nos referir a "fazer uma ligação telefônica" como uma classe de comportamentos que produzem o ruído característico de chamada, ou o sinal de ocupado, em outro telefone. Nesta classe estão incluídos "girar o dial com o dedo indicador", "girar o dial com o lápis", "teclar o painel do telefone", "discar depressa", "discar devagar" etc.

C - Agrupamentos pela morfologia e função

Os agrupamentos pela morfologia e função obedecem a um critério duplo. O critério duplo consiste na identificação de semelhanças na forma e no efeito dos comportamentos.

Quando necessitamos da informação acerca de como um dado efeito é produzido, recorremos ao critério duplo. Por exemplo, se quisermos saber como um lavrador "ara a terra", teremos que considerar as diferenças na morfologia dos comportamentos que produzem este efeito e, provavelmente, colocar os comportamentos "passar o trator", "passar o arado animal" e "cavar com a enxada ou enxadão" em classes diferentes. Ao classificar os comportamentos, os etólogos, em geral, utilizam critérios duplos ou critérios morfológicos e, mais raramente, os funcionais (Hutt e Hutt, 1974; Cunha, 1976).

Vejamos um exemplo de agrupamento duplo. Os comportamentos "cortar pão com uma faca de serra", "cortar cebola com uma faca pequena" e "cortar carne com um facão" apresentam semelhanças tanto na forma (posturas e movimentos), como no efeito produzido no ambiente, podendo portanto serem agrupados numa mesma classe, a qual denominaremos "*cortar alimento com faca*". Do ponto de vista das semelhanças funcionais, podemos dizer que nos três casos ocorre "*introdução e deslocamento da faca no objeto (pão, cebola ou carne), de forma a produzir a divisão do mesmo*". Numa descrição das semelhanças morfológicas, diríamos que "*os dedos de uma das mãos estão flexionados (ao redor da faca ou facão) e os dedos da outra mão estão aproximadamente estendidos (segurando o alimento)*". Focalizaríamos também, os movimentos que ocorrem dizendo que "*o antebraço e a mão que segura a faca se deslocam horizontalmente para frente e para trás do corpo, e que enquanto isso a mão que segura o alimento se mantém praticamente imóvel*".

Amplitude do agrupamento

Em geral, é o objetivo do trabalho que determina a escolha do critério de classificação. É importante considerar o problema da escolha do critério porque ele influirá na amplitude do agrupamento a ser formado. De acordo com o critério utilizado, uma classe incluirá um número maior ou menor de comportamentos, isto é, ela será mais abrangente ou mais restrita. Critérios exclusivamente morfológicos, ou exclusivamente funcionais têm uma abrangência maior do que critérios duplos.

Voltemos a analisar o trabalho de um lavrador. Vamos considerar que, ao preparar a terra para o plantio, ele poderá apresentar um dos seguintes comportamentos: a) capinar com a enxada; b) cavar com a enxada ou enxadão; c) capinar com a capinadeira; d) lavrar com o arado. Se adotássemos o *critério funcional*, poderíamos formas duas classes de comportamento, as quais seriam denominadas *"limpar a terra"* e *"arar a terra"*. Na primeira classe, incluiríamos os comportamentos a) e c) "capinar com a enxada e com a capinadeira" e, na segunda, os comportamentos b) e d) cavar com a enxada ou enxadão e lavrar com o arado. Se utilizássemos o *critério morfológico*, poderíamos formar também duas classes, as quais denominaríamos *"uso de instrumentos manuais"* e *"uso de equipamentos movidos por tração"*. Neste caso, estaríamos considerando as diferenças morfológicas existentes no uso de instrumentos manuais (enxada e enxadão) e na utilização de equipamentos movido por tração (trator ou tração animal). Na primeira classe, incluiríamos os comportamentos a) e b) "capinar com a enxada e cavar com a enxada ou enxadão"; e na segunda, os comportamentos c) e d) "capinar com a capinadeira e lavrar com o arado". Finalmente, se adotássemos o critério duplo, isto é, se considerássemos o efeito e a morfologia, colocaríamos cada um destes comportamentos em classes distintas.

A amplitude do agrupamento é também influenciada pelo grau de especificidade do critério adotado, isto é, pelo rigor com que eu aplico um critério. O grau de especificidade, por sua vez, depende dos objetivos do estudo observacional e das conveniências do observador. No exemplo anterior, o agrupamento morfológico "uso de equipamentos movidos por tração" inclui tanto o uso de trator como o uso de tração animal. Um maior rigor no critério colocará o uso de trator e de tração animal em classes distintas, uma vez que existem diferenças entre o comportamento de "dirigir um trator" e o comportamento de "conduzir um animal".

Utilizando o critério morfológico, um observador poderá classificar os comportamentos "andar devagar", "andar depressa" e "andar em ritmo normal", em uma única classe, na medida em que estes comportamentos apresentam semelhanças na forma (deslocamentos alternados dos membros inferiores, que se processa da seguinte maneira: quando a coxa e perna de um dos membros é estendida verticalmente, a coxa do outro membro é flexionada para frente; concomitante ao movimento da coxa, a perna correspondente é flexionada e, em seguida, estendida). Se o observador, entretanto, for mais específico e considerar, além das partes do corpo envolvidas e da forma geral dos movimentos, também as diferenças existentes no ritmo, força e amplitude dos movimentos, classificará estes comportamentos em classes distintas.

Os comportamentos "morder a ponta do lápis", "morder uma maçã" e "morder um colega", apresentam semelhanças tanto na forma (aproximação das arcadas dentárias superior e inferior), como no efeito produzido (objeto comprimido entre os dentes), podendo ser agrupados numa única classe. No entanto, se fossemos considerar os fatores motivacionais envolvidos, poderíamos classificar estes comportamentos em três classes funcionalmente distintas. "morder a ponta do lápis", poderia ser classificado como tique, "morder uma maçã", como um comportamento de alimentação, e "morder um colega", como um comportamento de agressão. Do mesmo modo, se fôssemos mais específicos quanto à morfologia, poderíamos distinguir variações na abertura ou na força do fechamento da arcada dentária, bem como outros aspectos morfológicos subsidiários, como retração ou não dos lábios.

> Os agrupamentos poderão ser amplos ou restritos. A amplitude do agrupamento depende do critério utilizado e do grau de especificidade considerado.

Como proceder ao classificar os comportamentos?

Existem algumas regras básicas para o agrupamento dos comportamentos, que podem nortear o seu trabalho.

1) As classes formadas devem ser mutuamente exclusivas, isto é, não deve ocorrer sobreposição de classes. Cada comportamento deve pertencer a apenas uma das classes. Por exemplo, provavelmente ninguém colocaria, qualquer que fosse o critério utilizado, os comportamentos "andar" e "comer", como pertencentes a uma mesma classe. Contudo é frequente encontrarmos classificações como: classe 1 – andar; classe 2 – comer; classe 3 – dirigir-se ao armário da cozinha. É provável, neste caso, que as classes 1 e 3 ou 2 e 3 estejam sobrepostas. Isso seria evitado possivelmente com a eliminação da classe 3 ou com a sua transformação em subclasse, da classe 1 ou 2.

2) Todos os comportamentos observados e registrados, que estejam relacionados ao objetivo do trabalho, devem ser classificados, não importando que para isso se criem classes com um único elemento comportamental. Em outras palavras, o observador pode e deve definir tantas classes quantas forem necessárias para que seu trabalho fique completo.

3) O observador deve ser coerente com o critério utilizado, isto é, se optou pelo critério funcional deve utilizá-lo exclusivamente, e o grau de especificidade deve ser o mesmo para todas as classes. Entretanto, nas subclasses, o observador poderá utilizar um outro critério de agrupamento e/ou ser mais especifico.

A DEFINIÇÃO DE CLASSES

Dissemos anteriormente que ao definir um evento devemos descrever as características através das quais o observador identifica esse evento. Consequentemente, para definir uma classe de comportamentos, devemos também, descrever as características dos comportamentos que formam esta classe.

Os cuidados a serem tomados, com relação à definição de classes de comportamento são, portanto, iguais àqueles tomados quando da definição de eventos comportamentais particulares. Assim, as definições de classes de comportamento devem:

a) ser objetivas, claras e precisas;

b) ser expressas na forma direta e afirmativa;

c) incluir somente elementos que lhes sejam pertinentes;

d) ser explícitas e completas.

Embora esses requisitos já tenham sido discutidos, seria importante retomar, de maneira mais aprofundada, a análise do que vem a ser uma definição *"explícita e completa"*, tendo em vista a especificidade do agrupamento dos comportamentos em classes.

Vimos que os critérios de um agrupamento baseiam-se nas semelhanças entre os comportamentos incluídos nesse agrupamento. Portanto, uma *definição de classe para ser explícita* deveria focalizar as semelhanças existentes no aspecto considerado como critério para o agrupamento. Além disso, essas semelhanças deveriam ser descritas na sequência natural em que ocorrem. Por exemplo, num agrupamento morfológico, uma definição que focalizasse as semelhanças na forma dos comportamentos seria explícita. Assim, uma definição explícita do agrupamento morfológico, que inclui os comportamentos: "apagar com a borracha", "riscar com a caneta" e "lixar a unha", deveria focalizar a postura dos dedos que seguram o objeto (borracha, caneta e lixa); e os movimentos que ocorrem. Do mesmo modo, num agrupamento que obedecesse a critérios funcionais, uma definição explícita focalizaria os efeitos comuns produzidos pelos comportamentos. A definição do agrupamento funcional, que inclui os comportamentos: "passar o trator", "passar o arado animal" e "cavar com a enxada ou enxadão", deveria focalizar o efeito comum produzido, "sulcos na terra e revolvimento da mesma". Por outro lado, e ainda do mesmo modo, num agrupamento duplo, a definição focalizaria as semelhanças na forma e no efeito dos comportamentos. Assim, a definição do agrupamento duplo, que inclui os comportamentos: "cortar pão", "cortar cebola" e "cortar carne", deveria descrever a postura dos dedos que seguram a faca e a postura dos dedos que seguram os alimentos (pão, cebola e carne), os movimentos que ocorrem e o efeito produzido na sequência natural em que os eventos ocorrem.

Relembramos que a *definição completa* é aquela que especifica: a) as condições necessárias para a ocorrência do evento; b) o evento e sua sequência e c) a unidade de análise. Nas definições morfológicas, as condições se referem às posturas exibidas quando o movimento ocorre, e o evento, ao movimento propriamente dito. Nas definições funcionais, as condições nem sempre são identificadas; quando identificadas se referem aos objetos utilizados ou às circunstâncias e estado anterior do objeto, e o evento, aos efeitos produzidos no ambiente. Nas definições mistas as condições se referem às posturas, posições e objetos utilizados ou ao estado anterior do objeto e o evento, ao movimento apresentado e ao efeito produzido no ambiente.

Um último cuidado a ser tomado com relação ao problema da definição de classes, diz respeito à *denominação a ser dada à classe*. É importante atribuir nomes às classes analisadas, pois isso facilita o processo de comunicação, bem como sua referência posterior, eliminando a repetição constante de sua definição. Segundo Cunha (1976), o nome adotado deverá ser o que mais pronta e objetivamente evoque a definição da classe. No agrupamento misto que inclui os comportamentos: "cortar pão', "cortar cebola" e "cortar carne", a denominação "cortar alimento com faca" é apropriada, uma vez que sugere ao leitor a ação que está sendo definida.

Resumindo, os cuidados que um observador deve tomar ao definir uma classe são:
- atribuir uma denominação à classe;
- identificar as condições necessárias à ocorrência dos comportamentos, quando estas condições existirem;
- descrever os eventos na sequência em que ocorrem, isto é, do estado inicial ao final; e
- identificar a unidade de análise que está sendo considerada.

Fornecemos abaixo alguns exemplos que poderão orientá-lo na forma de apresentação das definições:

Exemplo 1 – Agrupamento pela morfologia

Comportamentos incluídos: "apagar com a borracha", "riscar com a caneta" e "lixar a unha".

Denominação:	Movimento em vai e vem.
Condição:	Estando os dedos de uma das mãos flexionados;
Eventos em sua sequência:	Consiste em mover linearmente o antebraço e/ou a mão, alternando sucessivamente o sentido do movimento.
Unidade de análise:	A unidade inicia quando inicia o movimento do antebraço e/ou da mão, e termina quando ocorre: uma interrupção maior do que 10 segundos, na sequência dos movimentos.

Exemplo 2 – Agrupamento pela funcionalidade

Comportamentos incluídos: "passar o trator", "passar o arado animal" e "cavar com a enxada ou enxadão".

Como pode ver, a identificação da unidade de análise em agrupamentos exclusivamente funcionais é bem mais simples do que nos agrupamentos morfológicos, pois basta identificar o término do efeito comportamental definido como critério.

Denominação:	Arar a terra
Condição:	Através de um instrumento (arado, enxada ou enxadão);
Eventos em sua sequência:	Produzir sulcos e/ou revolver a terra.
Unidade de análise:	Uma unidade ocorre quando acontece mudança de carreador (fileira), ou quando ocorre uma interrupção da tarefa, igual ou superior a cinco minutos.

Exemplo 3 – Agrupamento pela morfologia e função
Comportamentos incluídos: "cortar pão", "cortar cebola" e "cortar carne".

Denominação:	Cortar alimento com faca.
Condição:	Estando os dedos de uma das mãos sobre um alimento (pão, cebola, carne), que se encontra apoiado numa superfície, de forma a prendê-lo e, na outra mão, estando os dedos flexionados ao redor do cabo de uma faca;
Eventos em sua sequência:	Consiste em deslocar horizontalmente o antebraço e a mão que segura a faca para frente e para trás, introduzindo e deslocando a faca no alimento de forma a produzir a divisão do mesmo.
Unidade de análise:	Uma unidade inicia quando ocorre o deslocamento do antebraço e da mão, e termina quando: a) é interrompido o contato da faca com o alimento, ou b) ocorre uma interrupção na sequência de movimentos que produzem o corte, interrupção esta de 10 ou mais segundos.

Comparando os três exemplos, verificamos que no Exemplo 2, o tempo estabelecido como critério de término de unidade é superior ao tempo estabelecido nos outros dois exemplos. Você poderá perguntar o porquê desta diferença. É bom lembrar que quando se usa critérios temporais (que se baseiam na duração total ou na pausa dos comportamentos) eles devem ser escolhidos com certo cuidado. Embora seja arbitrária, a escolha do critério deverá levar em conta a duração média dos comportamentos. Assim, comportamentos que têm uma duração breve requerem critérios mais restritos, e comportamentos de longa duração, critérios mais amplos. Esta foi a razão porque escolhemos 10 segundos como critério de pausa para as classes "movimento em vai e vem" e "cortar alimento com faca", e cinco minutos para a classe "arar a terra".

Agora que você já conhece o padrão a ser seguido, é dado um exemplo no qual foram retiradas as âncoras informativas. Verifique como fica:

Exemplo 4 – Agrupamento pela funcionalidade
Comportamentos incluídos: "lustrar móveis", "lustrar sapato".

Lustrar.
"Estando a superfície recoberta com uma camada de cera ou lustra-móvel; friccionar um pano ou escova sobre a superfície de modo a obter brilho. Inicia com a fricção do pano ou escova sobre a superfície e termina quando a atividade for interrompida por um tempo superior a 15 segundos".

Exercícios de estudo

Exercício 1

Agrupe os comportamentos em classe pela função. Defina as classes formadas. Ao definir uma classe siga o padrão anteriormente apresentado, isto é:
- indique os comportamentos incluídos na classe,
- dê uma denominação à classe,
- descreva a condição (quando houver), o evento em sua sequência e a unidade de análise.

    a) tricotar
    b) enviar carta
    c) pintar as unhas
    d) passar um fax
    e) passar uma blusa
    f) mandar telegrama
    g) pintar parede
    h) fazer crochê

Exercício 2

Analise as figuras apresentadas a seguir (fig. 11.1, fig. 11.2, fig. 11.3, fig. 11.4, fig. 11.5 e fig. 11.6). As fotos a e b, de cada figura representam diferentes momentos de um comportamento. Ao analisar as figuras, procure identificar as semelhanças existentes entre os comportamentos ilustrados (semelhanças na forma e/ou no efeito produzido).

A seguir, agrupe os comportamentos em classes. Use, em primeiro lugar o critério funcional, depois o morfológico e, por último, o critério duplo.

Atenção! Ao utilizar determinado critério, indique o número de classes formadas; a seguir, defina cada uma das classes. Siga o padrão apresentado.

Figura 11.1

Figura 11.2

Figura 11.3

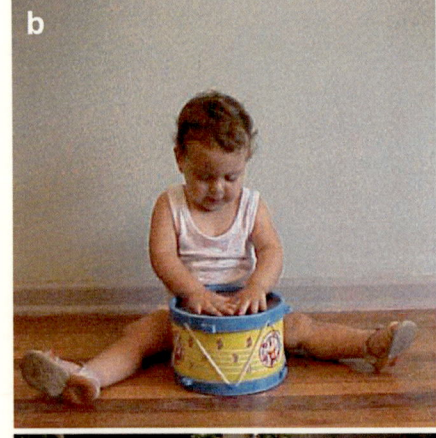

Figura 11.4

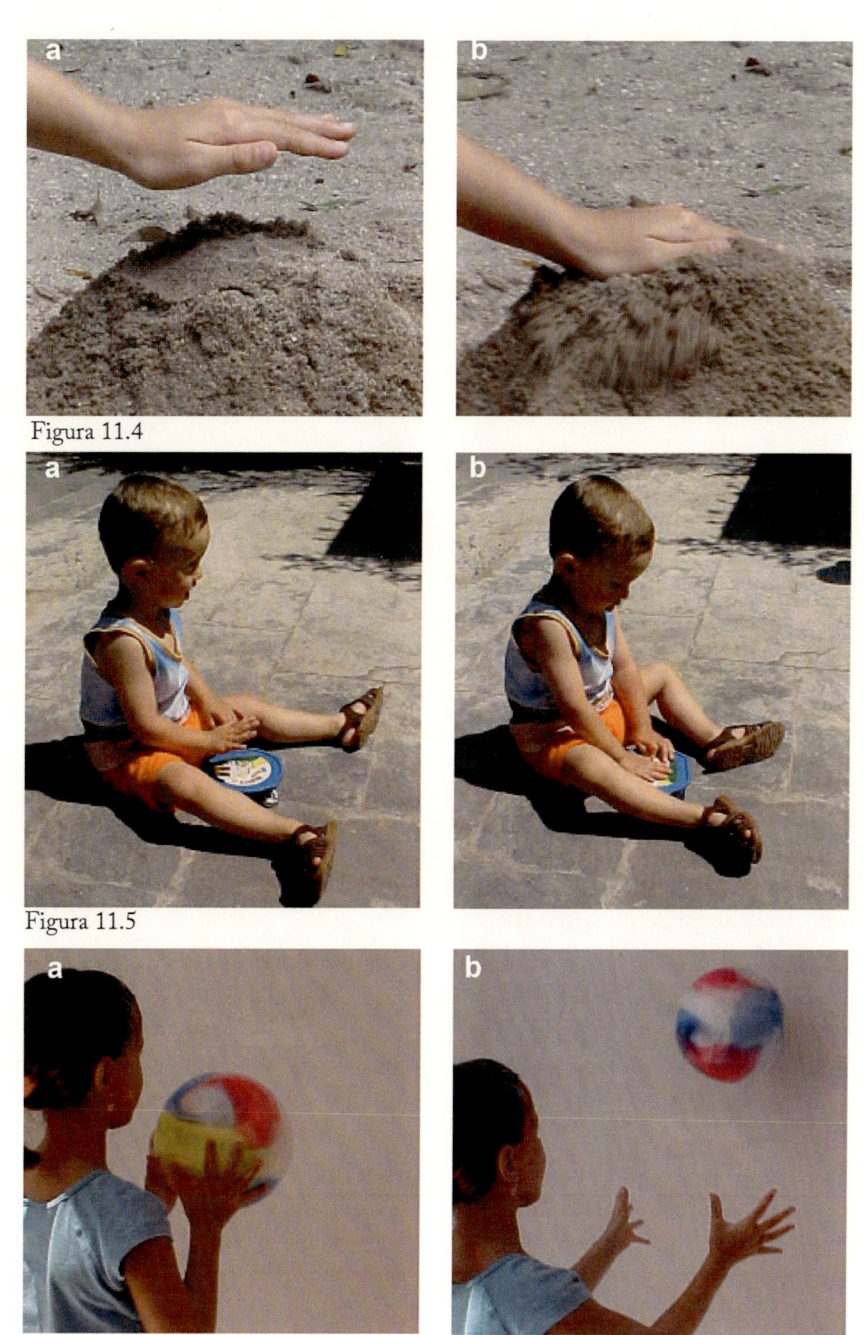

Figura 11.5

Figura 11.6

137

1. Agrupamento pela funcionalidade
    1.1. Quantidade de classes formadas:
    1.2. Definição das classes:

2. Agrupamento pela morfologia
    2.1. Quantidade de classes formadas:
    2.2. Definição das classes:

3. Agrupamento pela morfologia e função
    3.1. Quantidade de classes formadas:
    3.2. Definição das classes:

Unidade 12

FIDEDIGNIDADE NAS OBSERVAÇÕES

Observar comportamentos não é uma tarefa simples, ela exige do observador uma série de técnicas, mas mais do que isso uma percepção aguçada dos eventos que ocorrem. Como ser humano, o observador está sujeito a falhas, na percepção e/ou interpretação dos eventos, que se refletirão na qualidade dos registros apresentados por ele. Por isso, o treinamento da observação e a aferição da fidedignidade dos registros se fazem necessários.

Ao observar um evento, dois tipos de erro poderão ocorrer. O primeiro, é quando o observador, diante do mesmo evento, cada vez o registra de uma forma; ou melhor é o fato de não existir constância no registro. O segundo, é quando, embora exista constância no registro, o mesmo não reproduz com precisão os eventos que ocorrem; isto é o registro se distancia da realidade.

Quando um destes erros aparece dizemos que a observação não é confiável; por outro lado quando verificamos se o instrumento de observação, o ser humano, é confiável, estamos medindo a fidedignidade das observações. Fidedignidade é, portanto, a medida da constância e precisão nos registros de um observador.

Índices de fidedignidade podem ser obtidos quando se compara a concordância intra ou entre observadores. A concordância intra observador é aquela em que o observador registra duas vezes a mesma situação. Ela é possível, quando a observação é feita através de filme ou videoteipe. Na concordância entre observadores, dois ou mais observadores independentes registram simultaneamente os mesmos eventos. Neste caso, para que os registros sejam independentes deve-se evitar qualquer tipo de comunicação entre os observadores.

Índices de fidedignidade são calculados antes e durante a coleta dados e são utilizados para:
- indicar quando o observador já se encontra suficientemente treinado. A coleta de dados deverá iniciar apenas quando o índice atingir 80% de concordância entre os observadores.
- identificar as classes que estejam apresentando maior dificuldade.
- identificar flutuações nos períodos de observação,
- avaliar a confiabilidade dos registros obtidos.

Fórmulas utilizadas no cálculo do índice de fidedignidade

As formas de se calcular a concordância entre os observadores são praticamente duas: a primeira compara dois conjunto de valores e a segunda avalia a porcentagem de concordância existente. As fórmulas utilizadas são:

a) $\dfrac{< \text{número de eventos}}{> \text{número de eventos}} \times 100$

Neste cálculo é feita a comparação entre os registros efetuados por dois observadores. O menor número de eventos registrados é colocado no numerador e o maior número de eventos, no denominador.

b) $\dfrac{C}{C+D} \times 100$ C = número de concordâncias
    D = número de discordâncias

Neste cálculo se comparam os registros de dois observadores e se verificam as concordâncias e discordâncias existentes entre eles. Feito isto, se aplica a fórmula de cálculo.

Antes de aplicar esta fórmula é necessário definir o que será considerado como concordância ou discordância, e decidir se os espaços em branco para os dois observadores serão considerados concordâncias ou neutros.

Muitas vezes em função da frequência do comportamento, o observador deverá calcular separadamente a concordância com relação à ocorrência e não ocorrência do evento. O cálculo com relação à ocorrência é feito quando a frequência do evento for baixa; já o cálculo com relação a não ocorrência se faz necessário quando a frequência do evento for alta.

Dependendo da situação de observação e do objetivo do estudo, os cálculos poderão ser feitos: a) para o total da sessão, b) por classes de respostas ou c) por intervalo de tempo.

No caso dos cálculos serem efetuados por intervalo de tempo, quando os intervalos são muito pequenos, é possível agrupá-los em intervalos maiores (por exemplo, se o intervalo for de 10 segundos, posso agrupá-los de 1 em 1 minuto) e então aplicar a fórmula. Isto é feito para eliminar os erros devidos à marcação do tempo, ou seja a cronômetros mal regulados ou má determinação do final ou do inicio do intervalo.

Exemplos

a) Num registro de evento, o observador A anotou que o comportamento "coçar" ocorreu 23 vezes, enquanto o observador B anotou 32 vezes. Aplicando a fórmula teremos:

$$\frac{\leq}{>} \times 100 = \frac{23}{32} \times 100 = 72\%$$

b) Num registro de duração, o observador A anotou que o comportamento "falar" durou 73 segundos, o observador B que o mesmo durou 60 segundos. Aplicando a fórmula teremos:

$$\frac{\leq}{>} \times 100 = \frac{60}{73} \times 100 = 82\%$$

c) Num registro de evento, os observadores apresentaram os seguintes dados:

Comportamentos	Obs. A	Obs. B
Bater	70	65
Berrar	130	100
Abraçar	28	13
TOTAL	228	178

Aplicando a fórmula $\frac{\leq}{>} \times 100$, teremos:

<u>Por classes de respostas:</u>

Bater = $\frac{65}{70} \times 100 = 92\%$

Berrar = $\frac{100}{130} \times 100 = 76\%$

Abraçar = $\frac{13}{28} \times 100 = 46\%$

No total da sessão:

$$\frac{178}{228} \times 100 = 78\%$$

c) Num registro de duração os observadores apresentaram os seguintes dados:

	Observador A	Observador B		
Comportamentos	Total	Total em seg.	Total	Total em seg.
Correr	2'15"	135"	2'	120"
Cantar	5'13"	313"	4'20"	260"
Caminhar	10'2"	602"	11'20"	680"
Total		1050"		1060"

Importante: antes de aplicar a fórmula, o observador deverá transformar os minutos em segundos, de forma a utilizar uma única unidade de medida.

Aplicando a fórmula $\frac{\leq}{>} \times 100$, teremos:

Por classes de resposta:

Correr = $\frac{120}{135} \times 100 = 88\%$

Cantar = $\frac{260}{313} \times 100 = 83\%$

Caminhar = $\frac{602}{680} \times 100 = 88\%$

No total:

$$\frac{1050}{1060} \times 100 = 99\%$$

d) Num registro de intervalos ou em amostras de tempo do comportamento "roer unha", os observadores apresentaram os seguintes dados:

	Observador A					Observador B			
Min	15"	30"	45"	60"	Min	15"	30"	45"	60"
1'	X	X	-	X	1'	X	X	-	X
2'	(-)	-	-	-	2'	X	-	-	-
3'	X	(X)	X	X	3'	X	-	X	X

Onde: a letra X representa a ocorrência do comportamento e o traço (-), a não ocorrência do comportamento.

Utilizando a fórmula $\frac{C}{C+D} \times 100$, o observador assim procederá:

1. Comparará os dois registros e anotará, em um deles, as caselas em que ocorreram discordâncias.
2. Tomando por base o registro em que foram anotadas as discordâncias, no caso o registro do observador A, efetuará a contagem das concordâncias e discordâncias existentes (C = 10 e D = 2)
3. Por último, aplicará a fórmula $\frac{C}{C+D} \times 100$.

No total da sessão teremos: $\frac{10}{10 + 2} \times 100 = 83\%$

Se quisermos efetuar os cálculos *por intervalos de tempo* teremos:

$$1' = \frac{4}{4+0} \times 100 = 100\%$$

$$2' = \frac{3}{3+1} \times 100 = 75\%$$

$$3' = \frac{3}{3+1} \times 100 = 75\%$$

Se quisermos analisar separadamente a *concordância com relação à ocorrência e não ocorrência do evento* teremos:

Total de Discordâncias = 2

Total de Concordâncias = 10

Número de Concordâncias com relação à ocorrência do evento (C Oc.) = 6

Número de Concordâncias com relação à não ocorrência do evento (C NOc.) = 4

Aplicando a fórmula, a *concordância com relação à ocorrência* do evento será:

$$\frac{C\ Oc.}{C\ Oc. + D} \times 100 = \frac{6}{6+2} \times 100 = 75\%$$

E a *concordância com relação a não ocorrência* será:

$$\frac{C\ NOc.}{C\ NOc. + D} \times 100 = \frac{4}{4+2} \times 100 = 66\%$$

e) Num registro de intervalos ou por amostras de tempo, os observadores apresentaram os seguintes dados:

Observador A

Observador B

Min.	Comp.	15"	30"	45"	60"		Min.	Comp.	15"	30"	45"	60"
1'	correr	X	X	X	-		1'	correr	X	X	X	-
	parar	-	-	-	-			parar	-	-	-	-
	andar	-	-	-	X			andar	-	-	-	X
	pular	-	(X)	-	-			pular	-	-	-	-
2'	correr	(-)	X	X	-		2'	correr	X	X	X	-
	parar	-	-	-	X			parar	-	-	-	X
	andar	(X)	-	-	-			andar	-	-	-	-
	pular	-	-	-	-			pular	-	-	-	-

Vamos, neste exemplo, comparar as duas fórmulas de cálculo de concordância.

<u>No total da sessão:</u>

• Utilizando a primeira fórmula teremos:

Observador A registrou 9 ocorrências dos comportamentos, enquanto o Observador B registrou 8 ocorrências dos comportamentos.

$$\frac{\leq}{>} \times 100 = \frac{8}{9} \times 100 = 88,89\%$$

•Utilizando a segunda fórmula teremos:

Concordância entre observadores = 29, discordâncias entre eles = 3.

$$\frac{C}{C+D} \times 100 = \frac{29}{29+3} \times 100 = 90,62$$

Como a frequência dos comportamentos é baixa, iremos calcular também a concordância com relação à ocorrência do evento (C Oc). No caso C Oc = 7.

$$\frac{C\,Oc}{C\,Oc + D} \times 100 = \frac{7}{7+3} \times 100 = 70\%$$

Por classes de respostas

- Utilizando a fórmula $\frac{\leq}{>} \times 100$, teremos:

Correr (Obs. A = 5, Obs. B = 6) = $\frac{5}{6} \times 100 = 83{,}33\%$

Parar (Obs. A = 1, Obs. B = 1) = $\frac{1}{1} \times 100 = 100\%$

Andar (Obs. A = 2, Obs. B = 1) = $\frac{1}{2} \times 100 = 50\%$

Pular (Obs. A = 1, Obs. B = 0) = $\frac{0}{1} \times 100 = 0\%$

- Utilizando a fórmula $\frac{C}{C + D} \times 100$, teremos:

Correr (C = 7, D = 1) = $\frac{7}{7+1} \times 100 = 87{,}50\%$

Parar (C = 8, D = 0) = $\frac{8}{8+0} \times 100 = 100\%$

$$\text{Andar (C= 7, D= 1)} = \frac{7}{7+1} \times 100 = 87{,}50\%$$

$$\text{Pular (C= 7, D = 1)} = \frac{7}{7+1} \times 100 = 87{,}50\%$$

Verifiquem que o índice de fidedignidade varia em função da fórmula utilizada para o cálculo. A decisão acerca do índice a ser utilizado deve ser feita em função do objetivo do estudo. A primeira fórmula, que compara dois conjuntos de valores, é utilizada em qualquer tipo de registro, quando se quer saber se os observadores concordam quanto ao número total de eventos registrados. A segunda fórmula, que avalia a porcentagem de concordância existente entre os observadores, é utilizada, em geral, quando o registro é dividido em intervalos de tempo. Ela possibilita saber se os dois observadores registraram o mesmo número de eventos, mas além disso, se esses eventos eram concordantes ou discordantes.

O cálculo por classes de resposta permite, quando se compara os índices obtidos em cada classe, identificar as classes que apresentam problemas e que, possivelmente, deverão ser redefinidas. O cálculo por intervalo de tempo, por sua vez, permite identificar os períodos da sessão em que o índice foi mais baixo ou mais alto.

Os exemplos dados até aqui se referem a registros categorizados, no caso do registro cursivo as mesmas fórmulas poderão ser utilizadas. Entretanto, se faz necessário especificar os limites de cada unidade comportamental. A unidade comportamental é, em geral, identificada por um verbo indicativo de ação, e no caso de verbos transitivos, também dos complementos descritivos da ação (por exemplo: *S* pega o lápis azul). Quando se avalia a porcentagem de concordância entre os observadores, é importante definir também, com clareza, o que vem a ser uma concordância e uma discordância.

Para aqueles que tiverem interesse em calcular a fidedignidade dos dados, obtidos em situação de registro cursivo, sugerimos a leitura do artigo de Batista e Matos (1984). Nele, as autoras apresentam cinco tipos de índices, adaptados para o uso em registro contínuo cursivo. Em dois deles é feita a comparação entre o número de ações registradas pelos dois observadores (primeira fórmula de cálculo) e nos outros três é analisada a concordância e discordância entre os observadores (segunda fórmula de cálculo).

Variáveis que afetam o índice de fidedignidade

O índice de fidedignidade é afetado por um conjunto de variáveis. Estas variáveis dizem respeito ao observador, à situação de observação e aos procedimentos utilizados pelo observador.

As variáveis referentes ao observador são: seu treinamento, o conhecimento do objetivo do estudo, a informação sobre quando ocorrerá o teste de fidedignidade e a tendência consensual.

1. Treinamento do observador - O treinamento do observador implica numa familiarização com a situação de observação, com o uso dos instrumentos de registro (prancheta, cronômetro ou relógio comum, folha de registro), com a sistemática de registro, e no caso de registro categorizado, com as definições dos comportamentos ou de classes de comportamento. O desempenho do observador está diretamente relacionado a um programa adequado de treinamento.

2. Conhecimento do objetivo do estudo – Quando o observador sabe para que os dados estão sendo coletados, ele poderá selecionar os eventos que venham comprovar a hipótese. Para evitar que isso aconteça, um critério utilizado, na maioria das pesquisas, é que o segundo observador com o qual os dados serão comparados, desconheça os objetivos do estudo.

3. Informação sobre quando ocorrerá o teste de fidedignidade – Batista (1977) relata que algumas pesquisas têm mostrado que quando os observadores sabem que serão submetidos ao teste, os índices de fidedignidade são mais altos do que quando desconhecem. Para controlar essa variável são dadas duas sugestões: a) que se utilize a técnica de "teste randômico", isto é que o teste seja efetuado em determinadas ocasiões, sem o conhecimento dos observadores; ou b) que a avaliação da fidedignidade seja constante.

4. Tendência consensual – Quando os observadores trabalham em pares fixos, por um certo tempo, há a possibilidade de surgir a "tendência consensual", que produz um índice de fidedignidade maior do que o verdadeiro. Provavelmente o que ocorre é que os observadores se afastam da definição explícita e passam a se basear numa definição implícita, não expressa verbalmente. Batista(1977) analisa estudos em que este efeito ocorreu e descreve as medidas sugeridas, pelos autores, para minimizá-lo. Uma das sugestões é fazer que não haja pares fixos de observadores; outra é sejam feitas discussões frequentes, com o treinador, sobre a causa das discordâncias constatadas, assim como a confrontação periódica das definições e redefinição dos comportamentos, sempre que for necessário.

Entre as variáveis relativas à situação de observação estão: a complexidade da situação de observação e a localização do observador na situação.

5. Complexidade da situação – Situações complexas, onde os eventos ocorrem simultaneamente e sem nenhum controle, dificultam a observação e diminuem a concordância entre os observadores. Situações estruturadas (por exemplo: sala de aula, refeição etc), onde há uma tarefa a cumprir pelos participantes, são mais fáceis de observar do que situações livres (como, por exemplo, brincadeiras no recreio).

6. Localização do observador na situação – A localização dos observadores é uma variável importante. Os observadores deverão se posicionar distantes um do outro, de forma a evitar a comunicação entre eles, mas ao mesmo tempo, sua localização deve possibilitar o mesmo ângulo de visão dos sujeitos. Quando os observadores se localizam em ângulos muito diferentes um do outro, poderão observar eventos que o outro observador não tem possibilidade de observar.

Os procedimentos utilizados pelo observador que afetam o índice de fidedignidade são: o total de categorias, a definição das categorias, a taxa do comportamento e a fórmula do cálculo do índice de fidedignidade.

7. Total de categorias – O índice de fidedignidade é afetado pelo número de categorias presentes no catálogo. Quando o número de itens é menor, a concordância entre observadores é maior.

8. Definição das categorias – As categorias mal definidas podem, devido às dificuldades dos observadores com o registro das mesmas, produzir um baixo índice de fidedignidade. Por outro lado, quanto mais específicas forem as definições maior será a concordância entre os observadores. Classe de respostas simples (como "chutar a canela do companheiro") tendem a ser mais fidedignas do que classes de respostas complexas (como "comportamento agressivo", que pode incluir: "bater, chutar, beliscar, cuspir, atirar objetos" etc.)

9. Taxa do comportamento – Quando se registra, em intervalos de tempo, a ocorrência ou não ocorrência do comportamento, e se efetua a analise das concordâncias e discordâncias (2º fórmula), pode-se avaliar a concordância entre os observadores tanto com relação à ocorrência do evento, como com relação à não ocorrência do evento. Se a fórmula for aplicada levando-se em conta o total de concordâncias (ocorrência e não ocorrência), o índice de fidedignidade, assim obtido, poderá vir a ser afetado pela taxa do comportamento.

Quando o comportamento tem uma frequência alta, a probabilidade que os observadores concordem sobre sua ocorrência também é alta, podendo encobrir as discordâncias existentes; por outro lado quando a frequência for baixa, a probabilidade de que os observadores concordem sobre a não ocorrência do evento é alta e mascara as discordâncias. Nestes casos, costuma-se calcular separadamente o índice com relação à ocorrência do evento (quando a frequência for baixa) e o índice com relação à não ocorrência do evento (quando a frequência for alta).

10. Fórmula do cálculo do índice de fidedignidade – A última variável refere-se à fórmula de cálculo. Como vimos anteriormente, o índice obtido depende da fórmula utilizada pelo observador.

Observação:
Batista (1985) destaca que a avaliação da fidedignidade feita por pesquisadores da análise aplicada do comportamento (apresentada aqui) difere daquelas utilizadas por pesquisadores de enfoque etológico. Na literatura etológica há maior diversificação de técnicas de avaliação de fidedignidade, sendo que a replicação da identificação das categorias por outros pesquisadores se constitui em indicação que o observador foi fidedigno.

Questões de Estudo

1) Quais são os erros que o observador pode cometer?
2) O que é fidedignidade?
3) Como se calcula a fidedignidade?
4) Para que servem os índices de fidedignidade?
5) Quais são as principais fórmulas utilizadas no cálculo do índice de fidedignidade?
6) Como poderão ser feitos os cálculos?
7) Quando se utiliza cada fórmula?
8) Quais são as variáveis que afetam o índice de fidedignidade?
9) Explique uma das variáveis referentes ao observador.
10) Explique uma das variáveis referentes à situação de observação.
11) Explique de que forma a definição das categorias afeta a fidedignidade.
12) O que acontece quando a taxa do comportamento é alta?

Exercícios de estudo

1) Num registro de duração os observadores apresentaram o seguintes dados:

Comportamentos	Observador A	Observador B
Olhar em direção à lousa	4'12"	4'37"
Deslocar-se pela sala	1'20"	1'15"
Conversar com colega	2'16"	2'42"

Calcule o índice de fidedignidade no total e com relação a cada categoria de comportamento.

2) Num registro de intervalo, calcule o índice de fidedignidade: a) no total, b) com relação à ocorrência do evento, c) com relação à não ocorrência do evento, d) por intervalo de tempo, e) por categorias.

OBSERVADOR A

Minutos	Categorias	15'	30'	45'	60'
1'	Olhar→lousa	X	-	-	X
	Deslocar-se	-	X	X	-
	Conversar	-	X	-	X
	Escrever	X	-	-	-
2'	Olhar→lousa	-	X	X	-
	Deslocar-se	X	-	-	-
	Conversar	-	X	-	-
	Escrever	-	-	X	X

OBSERVADOR B

Minutos	Categorias	15'	30'	45'	60'
1'	Olhar→lousa	-	-	-	X
	Deslocar-se	X	X	-	-
	Conversar	-	X	X	X
	Escrever	X	-	-	-
2'	Olhar→lousa	X	X	-	-
	Deslocar-se	-	-	-	X
	Conversar	-	X	X	-
	Escrever	-	-	X	-

REFERÊNCIAS BIBLIOGRÁFICAS

ALTMANN, J. Observational study of behavior: sampling methods. **Behavior**, v. 48, p. 227-267, 1974.

BATISTA, C. G. **Catálogo de comportamentos motores observados durante uma situação de refeição**. São Paulo, 1978. 135 p. Dissertação (Mestrado) – Instituto de Psicologia, Universidade de São Paulo.

BATISTA, C. G. Concordância e fidedignidade na observação. **Psicologia**, São Paulo, v.3, n.2, p.39-49, 1977.

BATISTA, C. G. Objetivos da avaliação da fidedignidade em estudos observacionais. **Psicologia: Teoria e Pesquisa**, 3 (1): p. 205-214 set./dez. 1985.

BATISTA, C .G.; MATOS, M. A. O acordo entre observadores em situação de registro cursivo: definições e medidas. **Psicologia**, São Paulo, v.10, n.3, p. 57-69, 1984.

BIJOU, S. W.; BAER, D. M. **O desenvolvimento da criança:** uma análise comportamental. São Paulo, EPU, 1981.

BIJOU, S. W.; PETERSON, R. F.; AULT, M. H. A method to integrate descritive and experimental field studies at the level of data and empirical concepts. **Journal of Applied Behavior Analysis**, n.1, p. 175-191, 1968.

CARVALHO, A .M. A. **Seletividade e vínculo na interação entre crianças**. São Paulo, 1992. 97p. Tese (Livre Docência) – Instituto de Psicologia, Universidade de São Paulo.

CASTRO, M. F.; CARVALHO, A. M. A. Incidentes agressivos na pré-escola. **Psicologia**, São Paulo, v.7, n.2, p.51-83, 1981.

CATANIA, A.C. **Aprendizagem**: comportamento, linguagem e cognição. 4.ed. Porto Alegre, Artes Médicas, 1999.

CUNHA, W. H. A. Acerca de um curso pós-graduado destinado ao treino da observação científica no domínio das ciências do comportamento. **Ciência e Cultura**, v. 26, p.846-853, 1974.

CUNHA, W. H. A. O estudo etológico do comportamento animal. **Ciência e Cultura**, v. 27, p. 262-268, 1975.

CUNHA, W. H. A. Alguns princípios de categorização, descrição e análise de comportamento. **Ciência e Cultura**, v. 28, p.15-24, 1976.

DANNA, M. F. **Ensinando observação**: análise e avaliação. São Paulo, 1978. 181p. Dissertação (Mestrado) – Instituto de Psicologia, Universidade de São Paulo.

DANNA, M. F; MATOS, M. A. **Ensinando observação**: uma introdução. São Paulo, Edicon, 1982.

FAGUNDES, A. J. F. M. **Descrição, definição e registro de comportamento.** 17ª ed. São Paulo, 2015.

DESSEN, M. A . Tecnologia de vídeo: registro de interações sociais e cálculos de fidedignidade em estudos observacionais. **Psicologia: Teoria e Pesquisa**, 3(11): p. 205-214, set./dez. 1995.

DESSEN, M. A, MURTA, S. G. A metodologia observacional na pesquisa em psicologia: uma visão crítica. **Cadernos de Psicologia- SBP;** 1: p. 47-60, 1997.

HALL, R. V. **Modificação do comportamento:** a mensuração do comportamento. São Paulo, EPU/EDUSP, 1975, v. 1.

HUTT, S. J.; HUTT, C. **Observação direta e medida do comportamento**. São Paulo, EPU/EDUSP, 1974.

KREPPNER, K. Sobre a maneira de produzir dados no estudo da interação social. **Psicologia, Teoria e Pesquisa,** 17(2): p.97-107, maio/ago., 2001.

LEITE, M. K. O. S. Observação de comportamento em sala de aula: um procedimento de registro. **Psicologia**. São Paulo, v. 3, n. 2, p. 51-77, 1977.

SKINNER, B. F. **Ciência e comportamento humano**. Brasília, Universidade de Brasília, 1970.

Gabarito dos exercícios de estudo

As respostas, apresentadas aqui, visam nortear o trabalho do aluno com relação ao exercício proposto. Isto não quer dizer que esta seja a única resposta possível, e que outras respostas não possam ser apresentadas. Cabe ao professor analisar as respostas dadas em cada exercício e verificar se a mesma é pertinente, isto é, se atende aos objetivos da unidade em que o exercício se insere.

Unidade 2

Nos cinco relatos de observação, apresentados a seguir, foram cometidos erros em relação à objetividade ou clareza e precisão. Inicie o trabalho, sublinhando, em cada relato, os termos ou expressões que contrariam as características da linguagem científica. Após a identificação dos mesmos:
a) escreva, no espaço existente na folha, os termos ou expressões encontradas; b) identifique, para cada um deles, se o erro foi contra a objetividade ou contra a clareza e precisão; e, por último, c) explique o tipo de erro cometido.

Relato 1

S anda em direção à uma loja. S entra na loja <u>pensando o que vai comprar</u>. Um vendedor sorridente aproxima-se de S <u>para atendê-la</u>. O vendedor diz: "Em que posso ajudar? S olha para o vendedor e fala: - "Quero um par de sapatos n.º 42 para minha filha". O vendedor <u>com ar surpreso</u> vira-se para buscar o sapato. S anda em direção ao banco, senta no banco e espera. O vendedor volta trazendo <u>alguns</u> pares de sapato. S escolhe um deles. S vai ao caixa, paga o sapato e sai da loja <u>contente</u>.

pensando o que vai comprar – objetividade – estado subjetivo
para atendê-la – objetividade – atribuir finalidade à ação
com ar surpreso – objetividade – estado subjetivo
alguns – clareza e precisão – termo indefinido
contente – objetividade – estado subjetivo

Relato 2

S anda até o balcão de uma companhia aérea. S pede <u>inseguro</u> informações sobre voos. A <u>querendo ajudar</u> entrega a ele um folheto com as escalas de voo. S <u>confuso</u> olha o folheto. S inclina o corpo para frente e deixa cair <u>algo</u>. A pergunta se pode ajudar. S diz que quer ir para Brasília. A diz que o próximo voo sai às 19:00 horas. S agradece e se abaixa <u>para pegar</u> a caneta que caiu.

inseguro – objetividade - estado subjetivo
querendo ajudar – objetividade – interpretar as intenções da pessoa
confuso – objetividade – estado subjetivo
algo – clareza e precisão – termo indefinido
para pegar – objetividade – atribuir finalidade à ação

Relato 3

S volta <u>apreensiva</u> da balada. O pai está na sala dormindo. S tira os sapatos e caminha pé ante pé <u>para não acordá-lo</u>. S esbarra na mesinha de centro. <u>Uma coisa</u> cai no chão. O pai mal humorado grita: "Isto é hora de chegar?". S <u>tentando acalmá-lo</u>, beija o pai e diz: - "Estava bom demais, não deu para sair antes".

apreensiva – objetividade – estado subjetivo
para não acordá-lo – objetividade – atribuir finalidade à ação
uma coisa – clareza e precisão – termo vago
tentando acalmá-lo – objetividade – interpretar as intenções do sujeito

Relato 4

Maço de provas recém aplicadas. S senta <u>desanimado</u> em frente à escrivaninha e começa a corrigir as provas. <u>Em determinado momento</u> dá uma risada. Levanta da cadeira <u>para fumar</u> um cigarro. Volta ao trabalho <u>com mais ânimo</u>. Corrige dez provas. O telefone toca. S diz: - "Não estou para ninguém". A empregada diz: - "É da escola de seu filho". S <u>assustado</u> pega o telefone.

desanimado – objetividade – estado subjetivo
em determinado momento – clareza e precisão – termo indefinido
para fumar – objetividade – atribuir finalidade à ação

com mais ânimo – objetividade – estado subjetivo
assustado – objetividade – estado subjetivo

Relato 5

S e seu irmão <u>brigam</u> na sala. A mãe entra na sala e manda que cada um vá para o seu quarto. S diz que foi o irmão que começou, em seguida, sai da sala. No quarto liga a TV <u>para matar o tempo</u>. Desliga a TV e <u>faz uma arte</u>. A mãe entra no quarto e diz: – "Que eu faço com você?". S, <u>envergonhado</u>, pede desculpas à mãe.

brigam – clareza e precisão – termo amplo
para matar o tempo – objetividade – atribuir finalidade à ação
faz uma arte – clareza e precisão – termo amplo
envergonhado – objetividade – estado subjetivo

Unidade 3

O exercício visa o treinamento na descrição objetiva de expressões faciais. As fotografias mostram o rosto de uma menina. Observe as fotos e descreva ao lado sua expressão facial. Analise a posição da cabeça, a testa, as sobrancelhas, os olhos, o nariz, as bochechas, a boca e o queixo.

Descrição do rosto 1 - Olhos abertos, pálpebra inferior esquerda levantada; sobrancelhas levantadas, narinas salientes, boca aberta em bico, queixo ovalado.

Descrição do rosto 2 - Olhos abertos com as pálpebras inferiores levantadas; olhar para a frente; boca fechada, estendida e franzida no centro; boca virada para a direita; covinha nas laterais da boca; bochechas salientes; narinas comprimidas.

Descrição do rosto 3 - Olhos arregalados e voltados para a direita; sobrancelhas levantadas; boca semifechada com protuberância do lábio inferior, lábio superior ligeiramente deslocado para a esquerda.

Descrição do rosto 4 - Olhos semiabertos, pálpebra inferior levantada; testa, sobrancelhas e bochechas contraídas; boca aberta e franzida formando bico.

Unidade 8

Damos, a seguir, cinco relatos de observação. Você deve identificar os eventos físicos e sociais existentes em cada relato e estabelecer a relação desses eventos com os comportamentos do sujeito. Transcreva o relato, em três colunas, na folha de análise. Proceda da seguinte maneira:

- inicialmente, comece identificando e sublinhando os eventos ambientais (físicos e sociais) existentes no relato;
- a seguir, identifique os comportamentos do sujeito que estão relacionados aos eventos ambientais sublinhados;
- transcreva, então, os comportamentos do sujeito e eventos ambientais nas colunas apropriadas para análise;
- coloque entre parênteses, após cada evento ambiental, as siglas *EF* e *ES* quando se tratar, respectivamente, de um evento físico ou de um evento social.

Faça isso no espaço apropriado que é dado a seguir.

Relato 1

S está espreguiçada na beira da piscina. _J pula na piscina e espirra água em S._ S levanta a cabeça e olha na direção de J. _M aproxima-se de S e a convida para um mergulho._ S se levanta dizendo: – "Pule você primeiro". _M pula na água._ S pula atrás de M. _M nada até a outra margem e diz: – "Vamos pular do trampolim"._ S sai da piscina e corre na direção das plataformas do trampolim. M corre atrás de S. _O alto-falante anuncia: – "Sandra da Silva seu pai a espera no restaurante"._ S para e diz a M: – "Não dá mais para brincar, meu pai está me esperando". _M diz: – "Só um pulo, depois você vai"._ S diz: – "Só um". S sobe as escadas do trampolim e pula de cabeça n'água.

Eventos antecedentes	Comportamentos do sujeito	Eventos consequentes
J pula na piscina e espirra água em S. (ES)	S está espreguiçada na beira da piscina.	
M aproxima-se de S e a convida para um mergulho. (ES) .... M pula na água. (ES)	S levanta a cabeça e olha na direção de J. S se levanta dizendo: – "Pule você primeiro". .... S pula atrás de M.	M pula na água. (ES)
M nada até a outra margem e diz: – "Vamos pular do trampolim". (ES) .... O alto-falante anuncia: – "Sandra da Silva, seu pai a espera no restaurante". (ES) M diz: – "Só um pulo, depois você vai". (ES)	S sai da piscina e corre na direção das plataformas do trampolim. .... S para e diz a M: – "Não dá mais para brincar, meu pai está me esperando". .... S diz: – "Só um". S sobe as escadas do trampolim e pula de cabeça n'água.	M corre atrás de S. (ES) M diz: – "Só um pulo, depois você vai". (ES)

Relato 2

S se espreguiça na cadeira de praia. <u>Uma menina se aproxima de S e pede sorvete.</u>
S pega o dinheiro e diz: -"Traga o troco". <u>A menina pega o dinheiro e sai correndo.</u>
S estica as pernas e fecha os olhos. Uma bola bate nas pernas de S.
S olha para o lado. <u>Um homem vem correndo na direção da bola.</u> S diz: - "Será que o Sr. não poderia jogar noutro lugar". <u>O homem diz: - "A praia é pública, madame".</u>
S vira o rosto e fala com D: -"Além de receber uma bolada, tenho que ouvir essa".
<u>D diz: - "Esta praia não é como era antes".</u>

Eventos antecedentes	Comportamentos do sujeito	Eventos consequentes
	S se espreguiça na cadeira de praia.	
Uma menina se aproxima de S e pede sorvete. (ES)	S pega o dinheiro e diz: -"Traga o troco".	A menina pega o dinheiro e sai correndo. (ES)
	S estica as pernas e fecha os olhos.	
Uma bola bate nas pernas de S. (EF)	S olha para o lado.	Um homem vem correndo na direção da bola. (ES)
Um homem vem correndo na direção da bola .(ES)	S diz: - "Será que o Sr. não poderia jogar noutro lugar". .	
O homem diz: - "A praia é pública, madame". (ES)		O homem diz: - "A praia é pública, madame". (ES)
	S vira o rosto e fala com D:-"Além de receber uma bolada, tenho que ouvir essa"..................	D diz: - "Essa praia não é como era antes". (ES)

Relato 3

S está no Shopping Center. <u>Numa vitrina estão expostas saias e blusas.</u>
S olha na direção de uma saia. <u>A vendedora se aproxima e pergunta se *S* quer experimentar a saia.</u> *S* entra na loja atrás da vendedora. A vendedora pergunta o tamanho de *S*. *S* diz: – "P". <u>A vendedora pega a saia, entrega-a a *S* e mostra onde fica o provador.</u> *S* vai até o provador e veste a saia. <u>A saia fica muito justa.</u>
S pede o tamanho "M" para a vendedora. *S* coloca a saia. <u>A saia fica bem em *S*.</u>
S diz que vai levá-la. <u>A vendedora pergunta se *S* não quer ver umas blusinhas.</u>
S diz: – "Hoje não, só quero a saia". *S* paga, pega o pacote e sai da loja.

Eventos antecedentes	Comportamentos do sujeito	Eventos consequentes
Numa vitrina estão expostas saias e blusas. (EF)	S está no Shopping Center. S olha na direção de uma saia.	
A vendedora se aproxima e pergunta se S quer experimentar a saia. (ES)	S entra na loja atrás da vendedora.	
A vendedora pergunta o tamanho de S. (ES)	S diz: - "P".	A vendedora pega a saia, entrega-a a S. (ES)
A vendedora entrega a saia a S e mostra onde fica o provador. (ES)	S vai até o provador e veste a saia.	A saia fica muito justa. (EF)
A saia fica muito justa. (EF)..	S pede o tamanho "M" para a vendedora. S coloca a saia.	A saia fica bem em S. (EF)
A saia fica bem em S. (EF) ...	S diz que vai levá-la.	
A vendedora pergunta se S não quer ver umas blusinhas. (ES)	S diz: - "Hoje não, só quero a saia". S paga, pega o pacote e sai da loja.	

Relato 4

S senta na cadeira em frente ao computador e liga o aparelho. A imagem aparece na tela. *S* olha para a tela. O computador pede a senha de *S*. *S* digita a senha. A tela se abre com os ícones. *S* dá um clique com o mouse no ícone do Word. O programa Word entra na tela. *S* digita uma carta para o chefe de seção. B chama *S* para um café. *S* levanta e vai até *B*. B entrega um copinho de café a *S*. *S* pega o copinho e bebe o café. *S* conversa com *B*. *S* diz que precisa terminar a carta. *S* volta para o computador. No vídeo está o protetor de tela. *S* movimenta o mouse. No vídeo aparece a carta que *S* está escrevendo. *S* senta e continua a escrever a carta.

Eventos antecedentes	Comportamentos do sujeito	Eventos consequentes
	S senta na cadeira em frente ao computador e liga o aparelho.	A imagem aparece na tela. (EF)
A imagem aparece na tela. (EF)	S olha para a tela.	O computador pede a senha de S. (EF)
O computador pede a senha de S. (EF)	S digita a senha.	A tela se abre com os ícones. (EF)
A tela se abre com os ícones. (EF)	S dá um clique com o mouse no ícone do Word.	O programa Word entra na tela. (EF)
O programa Word entra na tela. (EF)	S digita uma carta para o chefe de seção.	
B chama S para um café. (ES)......	S levanta e vai até B.	B entrega um copinho de café a S. (ES)
B entrega um copinho de café a S. (ES)	S pega o copinho e bebe o café. S conversa com B. S diz que precisa terminar a carta. S volta para o computador.	
No vídeo está o protetor de tela. (EF)	S movimenta o mouse.	No vídeo aparece a carta que S está escrevendo. (EF)
No vídeo aparece a carta que S está escrevendo. (EF)	S senta e continua a escrever a carta	

Relato 5

S insere um bilhete múltiplo no orifício existente na parede frontal da catraca do metrô. O bilhete aparece na parte superior da máquina. *S* pega o bilhete e passa pela catraca. *S* vai até a plataforma de embarque e fica parado olhando o túnel.
O trem se aproxima da plataforma, para e abre suas portas. *S* entra no trem. Banco vazio. *S* senta no banco. Voz verbaliza "Estação Bresser". *S* levanta e caminha até a porta. Trem para e abre suas portas. *S* sai do trem.

Eventos antecedentes	Comportamentos do sujeito	Eventos Consequentes
	S insere um bilhete múltiplo no orifício existente na parede frontal da catraca do metrô. ..	
O bilhete aparece na parte superior da máquina.(EF).....		O bilhete aparece na parte superior da máquina. (EF)
	S pega o bilhete e passa pela catraca.	
	S vai até a plataforma de embarque e fica parado olhando o túnel.	
O trem se aproxima da plataforma, para e abre suas portas. (EF)		O trem se aproxima da plataforma, para e abre suas portas. (EF)
	S entra no trem.	
Banco vazio. (EF)	S senta no banco.	
Voz verbaliza "Estação Bresser". (ES)	S levanta e caminha até a porta.	
	....	Trem para e abre suas portas. (EF)
Trem para e abre suas portas. (EF)	S sai do trem.	

Unidade 9

Defina, a seguir, os comportamentos indicados. Não se esqueça de especificar as condições necessárias para a ocorrência do evento, o evento em sua sequência e a unidade de análise.

1 - Ralar queijo no ralador

Estando uma pessoa segurando um pedaço de queijo, e a parte interna do mesmo encostada na superfície de um ralador, consiste em deslocar o queijo sobre essa superfície de modo a esfarelar o queijo. Inicia quando o queijo é deslocado e termina quando o deslocamento é interrompido por um período superior a 30 segundos ou quando o queijo for afastado do ralador.

2 - Pintar no papel com lápis de cor

Estando o papel sobre uma superfície e a ponta do lápis de cor tocando o mesmo, consiste em deslocar o lápis de modo a colorir o papel. Inicia com o deslocamento do lápis e termina quando da interrupção da tarefa por 1 minuto.

1 - Passar roupa

Estando o ferro quente e a roupa estendida sobre uma superfície, consiste em deslizar o ferro sobre a roupa de modo a alisá-la. Inicia quando o ferro entra em contato com a roupa e termina quando o ferro é afastado da mesma por mais do que 30 segundos.

2 - Cortar unhas com alicate

Estando a pessoa segurando um alicate, consiste em colocar as laminas do mesmo entre a unha e o dedo e com movimentos sucessivos de abrir e fechar o alicate, contornar a unha secionando-a e diminuindo seu tamanho. Inicia quando o alicate entra em contato com a unha e termina quando a unha for totalmente secionada.

Unidade 10

Exercício 1

Verifique se as definições apresentadas a seguir são morfológicas, funcionais ou mistas. Justifique sua resposta.

1) Chutar bola: "fletir a perna e estendê-la rapidamente, produzindo contato dos pés com a bola e o deslocamento da mesma".
Resposta: definição mista.
Justificativa: ela focaliza tanto os aspectos morfológicos (flexão seguida de extensão da perna), como os funcionais (estabelecimento de contato dos pés com a bola e deslocamento da bola de sua posição).

2) Pressionar a barra: "qualquer deslocamento da barra que seja acompanhado do clique característico do aparelho".
Resposta: definição funcional.
Justificativa: descreve os efeitos do comportamento (deslocamento e produção do clique da barra). A forma deste comportamento, isto é, como a barra é pressionada não aparece na definição.

3) Espetar com garfo: "introduzir os dentes de um garfo no alimento, ficando os dentes do garfo total ou parcialmente envolvidos pelo alimento".
Resposta: definição funcional.
Justificativa: focaliza apenas os efeitos do comportamento (introdução e envolvimento do garfo no alimento).

4) Fechar a boca: "estando o lábio superior afastado do lábio inferior, mover os lábios de forma a diminuir a distância entre eles, em relação à posição anterior".
Resposta: definição morfológica.
Justificativa: ela focaliza exclusivamente as alterações na forma do comportamento (movimento dos lábios e diminuição da distância entre eles).

Exercício 2

2) Definição morfológica do comportamento: "acenar com a mão (dar tchau)".
Estando o antebraço flexionado num ângulo de aproximadamente 45°, com relação ao braço e estando a mão aberta (dedos estendidos), com a palma da mão voltada para fora (em direção oposta ao sujeito), consiste em mover lateralmente a mão e/ou antebraço.

3) Definição morfológica do comportamento: "dizer sim com a cabeça".
Mover alternadamente a cabeça na vertical, de forma a reduzir e aumentar o ângulo formado pela cabeça e pescoço.

5) Definição funcional do comportamento: "colocar refrigerante no copo".
Inclinar a garrafa de refrigerante na direção do copo, de modo a despejar, no copo, o líquido contido na garrafa.

6) Definição funcional do comportamento: "fechar a torneira".
Girar o registro da torneira no sentido horário, de forma a reduzir o fluxo de água.

8) Definição mista do comportamento: "bater palmas".
Estando as mãos abertas (dedos estendidos) e as palmas das mãos voltadas uma para outra, consiste em mover a mão e/ou antebraço de forma a tocar as mãos uma na outra, produzindo um som.

9) Definição mista do comportamento: "patinar".
Estando uma pessoa em pé, sobre patins, consiste em deslocar alternadamente os membros inferiores, de forma a deslizar os patins no solo e locomover a pessoa do lugar. O deslocamento dos membros inferiores é feito de modo a diminuir alternadamente os ângulos entre perna e coxa, bem como os ângulos entre uma perna e outra.

Unidade 11

Exercício 1

Agrupe os comportamentos em classe pela função. Defina as classes formadas. Ao definir uma classe siga o padrão anteriormente apresentado, isto é :

- indique os comportamentos incluídos na classe,
- dê uma denominação à classe,
- descreva a condição (quando houver), o evento em sua sequência e a unidade de análise.

        a) tricotar
        b) enviar carta
        c) pintar as unhas
        d) passar um fax
        e) passar uma blusa
        f) mandar telegrama
        g) pintar parede
        h) fazer crochê

classe 1 - (tricotar e fazer crochê)
classe 2 - (pintar as unhas e pintar parede)
classe 3 - (enviar carta, passar um fax, mandar telegrama)
classe 4 - (passar uma blusa)

Classe 1 – <u>Fazer trabalhos com agulha e linha</u>

Consiste em manipular as agulhas entrelaçando os fios de linha ou de lã de modo a produzir um tecido. Inicia quando a agulha entra em contato com a linha ou lã e termina quando a atividade for suspensa por 15 segundos.

Classe 2 - P<u>intar</u>

Consiste em deslizar o pincel ou rolo, molhado de tinta ou de esmalte, sobre uma superfície, de modo a recobri-la com o produto químico (tinta ou esmalte). Inicia quando o pincel ou rolo entra em contato com a superfície e termina quando a atividade for suspensa por 15 segundos

Classe 3 – Enviar correspondência
Consiste em mandar, uma mensagem escrita, a uma pessoa distante. Ocorre quando a mensagem é enviada.

Classe 4 – Passar uma blusa
Consiste em deslizar o ferro quente sobre a blusa, de modo a alisa-la. Inicia quando o ferro entra em contato com a blusa e termina quando o ferro é afastado da mesma por mais do que 30 segundos.

Exercício 2

Analise as figuras apresentadas a seguir (fig. 11.1, fig. 11.2, fig. 11.3, fig.11.4, fig. 11.5 e fig. 11.6). As fotos a) e b), de cada figura representam diferentes momentos de um comportamento. Ao analisar as figuras, procure identificar as semelhanças existentes entre os comportamentos ilustrados (semelhanças na forma e/ou no efeito produzido).

A seguir, agrupe os comportamentos em classes. Use, em primeiro lugar, o critério funcional, depois o morfológico e, por último, o critério duplo.

Atenção! Ao utilizar determinado critério, indique o número de classes formadas; a seguir, defina cada uma das classes. Siga o padrão apresentado.

1. Agrupamentos pela funcionalidade
1.1. Quantidade de classes formadas: 3
1.2. Definição das classes

Classe 1 – comportamentos incluídos: fig.11.1, fig.11.3 e fig. 11.6.
Denominação: "jogar bola"
Eventos em sua sequência: consiste em deslocar a bola no espaço.
Unidade de análise: uma unidade ocorre quando a bola se desloca da mão para o espaço.

Classe 2 – comportamentos incluídos: fig. 11.2 e fig.11.5
Denominação: "bater numa superfície"
Eventos em sua sequência: consiste no estabelecimento de contato da mão com uma superfície de forma a produzir som.
Unidade de análise: ocorre quando se estabelece o contato da mão com a superfície.

Classe 3 – comportamentos incluídos: fig. 11.4
Denominação: "amassar areia"

Eventos em sua sequência: consiste no estabelecimento de contato da mão com a areia de forma a comprimi-la.
Unidade de análise: ocorre quando se estabelece o contato da mão com a areia.

2. Agrupamentos pela morfologia
   1.1. Quantidade de classes formadas: 2
   1.2. Definição das classes

<u>Classe 1</u> – comportamentos incluídos: fig.11.1 e fig.11.6
Denominação: "movimentos paralelos de braços, antebraços e mãos"
Condição: estando os braços fletidos com relação aos braços e paralelos um ao outro, dedos semiflexionados e afastados um do outro, palmas das mãos voltadas uma para a outra;
Eventos em sua sequência: consiste em impulsionar o braço e antebraço, deslocando-os para frente e na sequência, afastar uma mão da outra..
Unidade de análise: a unidade inicia quando ocorre o movimento dos braços e antebraços para frente, e termina quando as mãos se afastam uma da outra.

<u>Classe 2</u> – comportamentos incluídos: fig. 11.2, fig.11.3, fig.11.4 e fig. 11.5
Denominação: "movimentos verticais da mão e/ou do antebraço"
condição: estando os dedos de uma das mãos estendidos, e a palma da mão voltada para baixo;
Eventos em sua sequência: consiste em flexionar na vertical, repetidas vezes, a mão e/ou antebraço.
Unidade de análise: a unidade inicia quando ocorre o movimento da mão e/ou antebraço, na vertical, e termina quando ocorre uma interrupção maior do que 3 segundos na sequência de movimentos.

3. Agrupamentos pela morfologia e função
   1.1. Quantidade de classes formadas: 4
   1.2. Definição das classes

<u>Classe 1</u> – comportamentos incluídos: fig.11.1 e fig.11.6
Denominação: "jogar bola em direção a uma pessoa ou à parede"
Condição: estando os antebraços de uma pessoa fletidos, com relação aos braços, e paralelos um ao outro, as palmas das mãos voltadas uma para outra, segurando uma bola entre as duas mãos;

Eventos em sua sequência: consiste em impulsionar o braço e o antebraço, deslocando-os para frente. Quando os braços são impulsionados para à frente, as mãos se afastam uma da outra, deslocando a bola em direção a outra pessoa ou em direção à parede.
Unidade de análise: a unidade inicia quando ocorre o movimento do braço e antebraço para frente, e termina quando a bola é deslocada da mão da pessoa para o espaço.

Classe 2 – comportamentos incluídos: fig. 11.3
Denominação: "quicar a bola"
Condição: estando os dedos de uma das mãos estendidos, e a palma da mão voltada para baixo;
Eventos em sua sequência: consiste em flexionar na vertical, repetidas vezes, a mão e/ou antebraço de forma a estabelecer contato com a bola e impulsioná-la na direção do solo.
Unidade de análise: a unidade inicia quando ocorre o movimento da mão e/ou antebraço, na vertical, e termina quando ocorre uma interrupção maior do que 3 segundos na sequência de movimentos.

Classe 3 - comportamentos incluídos: fig. 11.2 e fig.11.5.
Denominação: "bater numa superfície"
Condição: estando os dedos de uma das mãos estendidos, e a palma da mão voltada para baixo;
Eventos em sua sequência: consiste em flexionar na vertical, repetidas vezes, a mão e/ou antebraço de forma a estabelecer contato da palma da mão com a superfície, produzindo um som.
Unidade de análise: a unidade inicia quando ocorre o movimento da mão e/ou antebraço, na vertical, e termina quando ocorre uma interrupção maior do que 3 segundos na sequência de movimentos.

Classe 4 - comportamentos incluídos: fig. 11.4
Denominação: "amassar areia"
Condição: estando os dedos de uma das mãos estendidos e a palma da mão voltada para baixo;
Eventos em sua sequência: consiste em flexionar na vertical, repetidas vezes, a mão e/ou antebraço de forma a estabelecer contato da palma da mão com a areia, comprimindo-a.
Unidade de análise: a unidade inicia quando ocorre o movimento da mão e/ou antebraço, na vertical, e termina quando ocorre uma interrupção maior do que 3 segundos na sequência de movimentos.

Unidade 12

1) Num registro de duração os observadores apresentaram o seguintes dados:

Comportamentos	Observador A	Observador B
Olhar em direção à lousa	4'12"	4'37"
Deslocar-se pela sala	1'20"	1'15"
Conversar com colega	2'16"	2'42"

Calcule o índice de fidedignidade no total e com relação a cada categoria de comportamento.

Comportamentos	Observador A	Em seg.	Observador B	Em seg.
Olhar em direção à lousa	4'12"	252"	4'37"	277"
Deslocar-se pela sala	1'20"	80"	1'15"	75"
Conversar com colega	2'16"	136"	2'42"	162"
TOTAL		468"		514"

Utilizando a fórmula $\frac{\leq}{>} \times 100$, teremos:

No total = $\frac{468}{514} \times 100 = 91{,}05\%$

Olhar em direção à lousa = $\frac{252}{277} \times 100 = 90{,}97\%$

Deslocar-se pela sala = $\frac{75}{80} \times 100 = 93{,}75\%$

Conversar com colega = $\frac{136}{162} \times 100 = 83{,}95\%$

2) Num registro de intervalo, calcule o índice de fidedignidade: a) no total, b) com relação a ocorrência do evento, c) com relação a não ocorrência do evento, d) por intervalo de tempo, e) por categorias.

Observador A

Minutos	Categorias	15'	30'	45'	60'
1'	Olhar →lousa	Ⓧ	-	-	X
	Deslocar-se	Ⓞ	X	Ⓧ	-
	Conversar	-	X	Ⓞ	X
	Escrever	X	-	-	-
2'	Olhar →lousa	Ⓞ	X	Ⓧ	-
	Deslocar-se	Ⓧ	-	-	Ⓞ
	Conversar	-	X	Ⓞ	-
	Escrever	-	-	X	Ⓧ

Observador B

Minutos	Categorias	15'	30'	45'	60'
1'	Olhar →lousa	-	-	-	X
	Deslocar-se	X	X	-	-
	Conversar	-	X	X	X
	Escrever	X	-	-	-
2'	Olhar →lousa	X	X	-	-
	Deslocar-se	-	-	-	X
	Conversar	-	X	X	-
	Escrever	-	-	X	-

a) no total: $C = 22, D = 10$ $\dfrac{C}{C+D} \times 100 = \dfrac{22}{22+10} \times 100 = 68{,}75\%$

b) com relação à ocorrência do evento: $C\,Oc = 8$ $\dfrac{8}{8+10} \times 100 = 44{,}44\%$

c) com relação à não ocorrência do evento: $C\,Noc. = 14$
$\dfrac{14}{14+10} \times 100 = 58{,}33\%$

d) por intervalo de tempo :
   1º minuto: $C = 12, D = 4$ $\dfrac{12}{12+4} \times 100 = 75\%$

   2º minuto: $C = 10, D = 6$ $\dfrac{10}{10+6} \times 100 = 62{,}50\%$

e) por categorias:
   olhar em direção à lousa : $C = 5, D = 3$ $\dfrac{5}{5+3} \times 100 = 62{,}50\%$

   deslocar-se: $C = 4, D = 4$ $\dfrac{4}{4+4} \times 100 = 50\%$

   conversar: $C = 6, D = 2$ $\dfrac{6}{6+2} \times 100 = 75\%$

   escrever: $C = 7, D = 1$ $\dfrac{7 \times 100}{7+1} = 87{,}50\%$